夏老师带你读文献

右哉 小野菊 著

黑龙江科学技术出版社

图书在版编目（C I P）数据

夏老师带你读文献 / 右哉, 小野菊著. -- 哈尔滨 : 黑龙江科学技术出版社, 2021.6（2022.9 重印）

ISBN 978-7-5719-0933-8

Ⅰ. ①夏… Ⅱ. ①右… ②小… Ⅲ. ①生物学－科技文献－读书方法②医学－科技文献－读书方法 Ⅳ. ①G792

中国版本图书馆 CIP 数据核字(2021)第 094842 号

夏老师带你读文献

XIA LAOSHI DAI NI DU WENXIAN

右哉　小野菊　著

责任编辑　王　姝

封面设计　林　子　右　哉

出　　版　黑龙江科学技术出版社

地址：哈尔滨市南岗区公安街 70-2 号　邮编：150007

电话：（0451）53642106　传真：（0451）53642143

网址：www.lkcbs.cn

发　　行　全国新华书店

印　　刷　哈尔滨市石桥印务有限公司

开　　本　787 mm×1092 mm　1/16

印　　张　10.5

字　　数　200 千字

版　　次　2021 年 6 月第 1 版

印　　次　2022 年 9 月第 2 次印刷

书　　号　ISBN 978-7-5719-0933-8

定　　价　78.80 元

简介

夏老师是一个科研工作者，他喜欢把比较枯燥乏味的科研用幽默而又不失严谨的语言表达出来，并进行传播，这是夏老师一直摸索的。夏老师坚持挖掘科研思路、分享实验心得和搜集科研资讯，并用通俗幽默的语言来阐述科研中枯燥乏味的理论和文献，激发临床医生的科研兴趣，传授实用的科研思路和方法。

七年来夏老师创作了 2000 多篇针对科研的科普文章。他希望能让那些对基础科研毫无头绪的临床医生以及刚刚踏入实验室的学生在潜移默化中提高对科研的兴趣，学会读懂文献，并提高对科研的认识和实验技术水平。

大家读文献都很累，甚至对读文献还有那么点恐惧，那是因为厘不清文献里的逻辑关系，弄不清楚状况，甚至对文献中的图片到底描述了什么内容，都可能只是一知半解。这本书可以解决你的部分困惑，从封面的任脉翻开读到封底上的督脉，希望能对你读文献有一定的帮助吧。是不是觉得目录有点乱？那是因为书里还隐藏了一共五章额外的“彩蛋”章节，慢慢摸索吧！

目录 Contents

目录 Contents

阅读文献前要准备的 20 个问题

要做科研呢，文献肯定是要读的，但读文献吧，估计你们做不到跟夏老师一样，能很轻松地读。

读文献肯定是有技巧的，夏老师教你们一个读文献不费吹灰之力的技巧，大概可以用这样的流程图来给你解释如何读一篇文献：

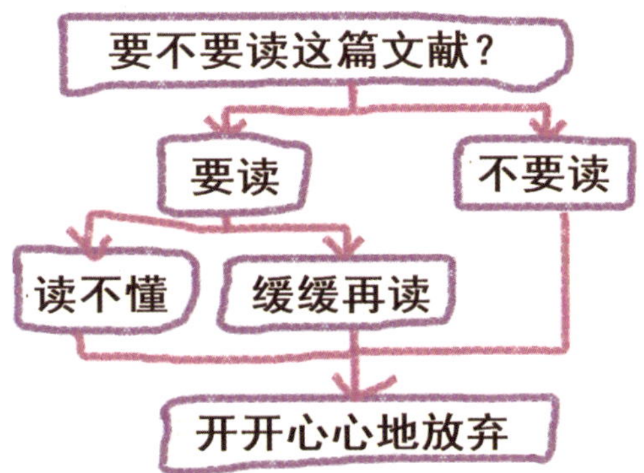

嗯，差不多开开心心地放弃就真的是不费吹灰之力了。当然，实际上我们在读文献之前，先要选择文献，大概是这样的：

要不要读这篇文献？

关键词或者标题是不是我关心的？

首先，这篇文献的标题和关键词是不是我所关心的？如果是，那就继续；不是，就果断放弃：

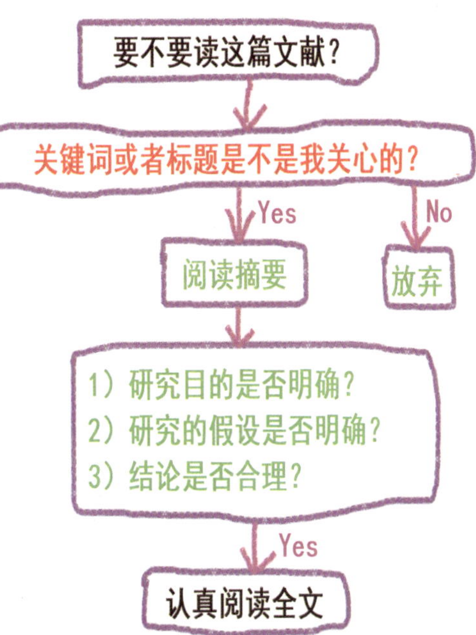

如果标题和关键词能吸引我，那就读一下摘要，通过对摘要的阅读，获得这样的信息：这篇文章研究目的是否明确？研究假设是否明确？得到的结论是否合理？

如果都是肯定回答，那就说明这是一篇完整的文章，可以认真地阅读全文。而一个菜鸟，首先要知道，一般的文献论证的逻辑基本上有两类：归纳法和演绎法。归纳法，就是通过大量的数据得出结论。演绎法就是做出假设，然后用数据去验证。当然，这两种方法通常是互相关联、互相融合的。

而你们阅读文献，最好带着问题去读。然后就有人要说了：夏老师，你说带着问题去读文献，那到底要带着哪些问题去读呢？

我给你们做了个文献阅读的问卷调查表，你们读文献前最好打印出来，然后一边读，一边思考这个列表上的 20 个问题，思考完了就打钩，然后就多多少少有一些收获了。

如何看文献

序号	问题	√orX
1	文章是什么类型？	
2	作者是谁，他们实验室做的什么方向？	
3	研究的是什么问题？	
4	之前有没有这样的研究？	
5	为什么要进行这个研究？	
6	研究提供了什么样的假设？	
7	研究者试图如何来解决这个问题？	
8	样本如何纳入，是否有合理的对照设置？	
9	材料和方法是否可借鉴？	
10	研究的关键结果是什么？	
11	实验所用的图片是否能看懂？	
12	作者是如何解释结果的？	
13	实验结果是否能支持先前的假设？	
14	研究是否存在逻辑缺陷或者局限性？	
15	这项研究有哪些优点或者可以借鉴的地方？	
16	作者的结论是否是基于实验结果得出的？	
17	这些结果对临床实践或将来是否有帮助？	
18	对文章还有什么疑问？	
19	如果我来设计研究会有什么方法？	
20	参考文献是否有我感兴趣的内容？	

我估计大家一般都会卡在问题 11 到问题 14 这里，看不懂图片啊，发现不了逻辑的缺陷啊，这些都是你们需要进一步认真总结和学习的地方。如果看文献的时候没有想通列表上的这些问题，很多人看篇两三分的文献，都会觉得，啊，这篇文章做得好好啊，但轮到自己设计课题的时候就蒙了（然后只能求助套路，做也只能做出 3 分以下的东西来）……

我也看了一些别的公众号教的读文献方法，那叫一个“高大上”，什么一层的恒量啊、多元素变量啊、互相验证的逻辑推导啊……这啊那啊的，恨不得把文章给肢解了。看得云里雾里，3 分的文章能听成十几分。然后鼓鼓掌，啊，没想到没想到，这么低端的文献里，居然蕴含着这么厉害的宝藏啊，简直逻辑严谨啊。我啥也不想说……好了，夏老师就给你们讲到这里，祝你们心明眼亮。

你们那叫翻译文献，这样才叫读文献

人家看文献都是在“看”文献，夏老师带你们看文献就是在吐槽，这次就继续带你们看文献。

当然，之前给过你们一个看文献的建议，首先要提出20个问题，我们带着问题去看文献。这个呢，实际上是为了精读一篇文献而做的。夏老师没这么多时间，我就带你们速读一篇文献。但速读文献也不是不带问题的，大概就是这样：

如何快速地看文献

序号	问题	√or×
~~1~~	~~文章是什么类型？~~	
~~2~~	~~作者是谁，他们实验室做的什么方向？~~	
3	研究的是什么问题？	
~~4~~	~~之前有没有这样的研究？~~	
~~5~~	~~为什么要进行这个研究？~~	
6	研究提供了什么样的假设？	
7	研究者试图如何来解决这个问题？	
~~8~~	~~样本如何纳入，是否有合理的对照设置？~~	
9	材料和方法是否可借鉴？	
~~10~~	~~研究的关键结果是什么？~~	
11	实验所用的图片是否能看懂？	
~~12~~	~~作者是如何解释结果的？~~	
~~13~~	~~实验结果是否能支持先前的假设？~~	
14	研究是否存在逻辑缺陷或者局限性？	
15	这项研究有哪些优点或者可以借鉴的地方？	
~~16~~	~~作者的结论是否是基于实验结果得出的？~~	
~~17~~	~~这些结果对临床实践或将来是否有帮助？~~	
~~18~~	~~对文章还有什么疑问？~~	
19	如果我来设计研究会有什么方法？	
~~20~~	~~参考文献是否有我感兴趣的内容？~~	

我们带着有限的几个问题，来看看这篇文章：

EBioMedicine

MALAT1 sponges miR-106b-5p to promote the invasion and metastasis of colorectal cancer via SLAIN2 enhanced microtubules mobility

这篇文章是发在一个6.1分的杂志上的，不算高也不算太低，凑合看看得了。我们想想第一个问题，这篇文章讲了点啥？

这个很简单，看标题就知道了，一共三个基因，一种疾病，一个表型，就是lncRNA-miRNA-mRNA这样的ceRNA模型，套到肠癌的迁移侵袭上去。

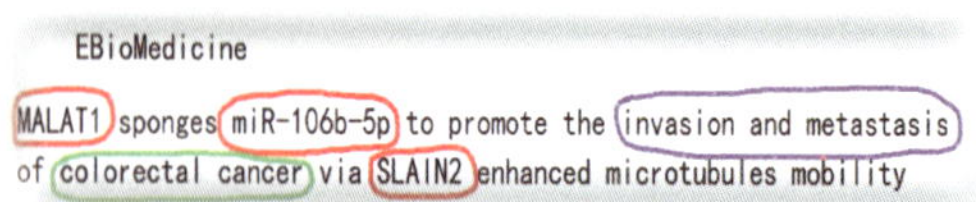
EBioMedicine

MALAT1 sponges miR-106b-5p to promote the invasion and metastasis of colorectal cancer via SLAIN2 enhanced microtubules mobility

第二个问题，这篇文章提出了什么样的假设？那我们看看，这假设不是随便就有的，首先作者分析了一下miRNA在肠癌中的表达及与肠癌预后的关系：

在这样的筛选结果下，作者提出第一个假设，这个 miRNA 和肠癌预后成反比，也就是 miRNA 表达量越低，肠癌预后越好。想到预后，那可能跟肠癌的迁移侵袭有关系。第一个假设就成了 miRNA 表达与肠癌的迁移侵袭成反比。

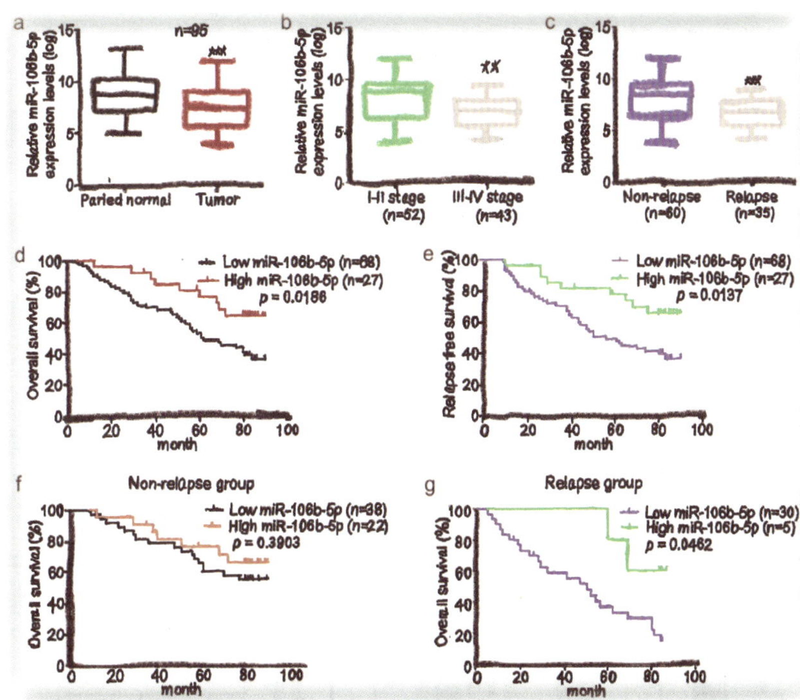

那为了验证，作者做了什么样的实验呢？他们做了个 miRNA 在肠癌细胞系中过表达和敲减的实验，进行了迁移侵袭的表型实验：

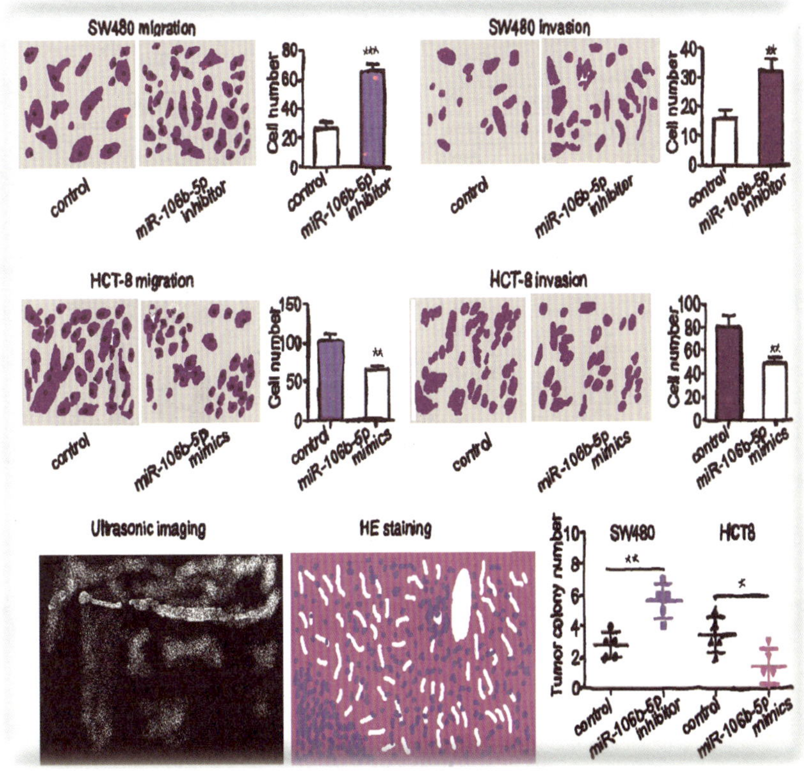

这个实验验证了第一个假设，miRNA 与肠癌的迁移侵袭可能有关。

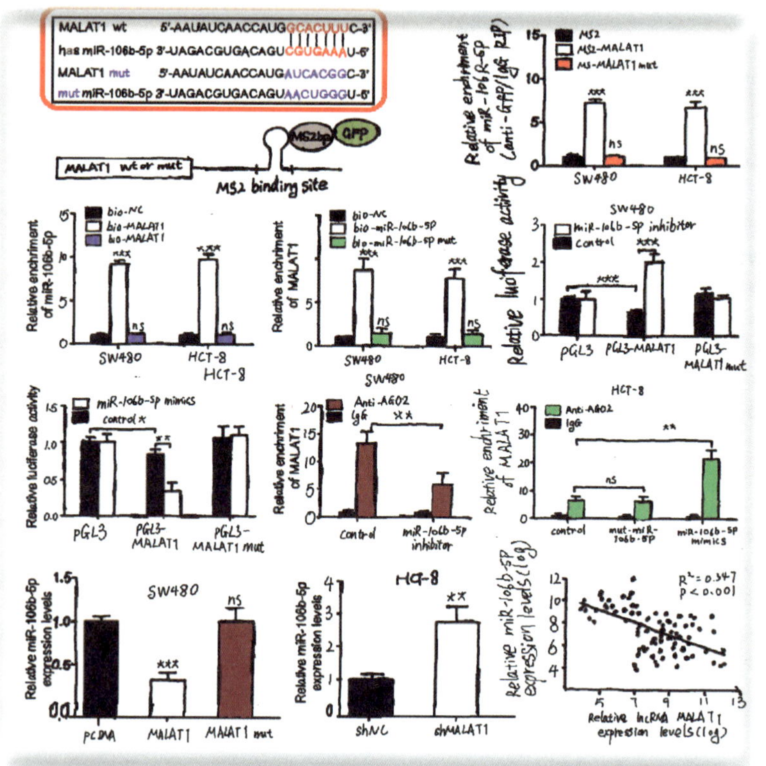

在这个结果的前提下，作者做出第二个假设：存在 lncRNA 可以结合 miRNA，抑制该 miRNA 的作用。为了验证，他们做了 RNA pulldown （一种检测 RNA 结合蛋白与其靶 RNA 之间相互作用的实验手段）。

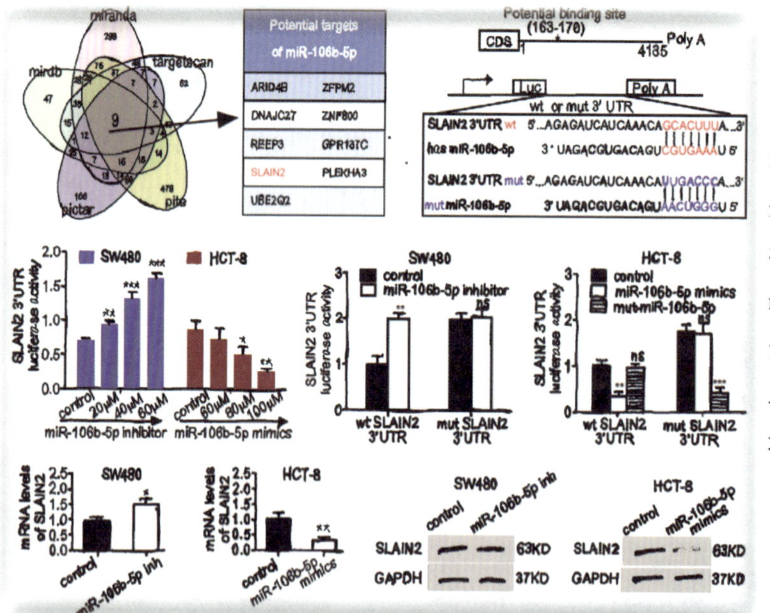

那有 lncRNA，在 lncRNA-miRNA-mRNA 这样的 ceRNA 模型里，不能没有 mRNA，于是用数据库分析出一个 mRNA，并且进行了 Luciferase（荧光素酶）的验证。

这两种验证过程中都用了结合序列突变这种方法，实际上这种方法是可以借鉴的。

在证明了lncRNA-miRNA-mRNA这三者之间的联系后，作者提出了第三个假设：这三者的相互关系导致了肠癌的迁移侵袭表型。于是他们做了这样的验证：

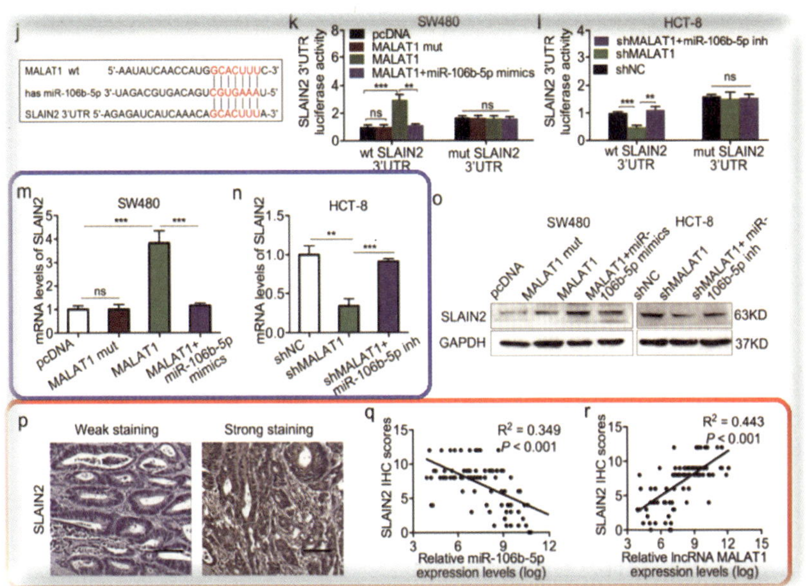

蓝框中的验证用到了lncRNA的突变体，这一点很好，是截断上游作为阴性对照。红框中的是最下游基因的蛋白表达与lncRNA表达的关系，这个用了临床样本，也很好。但这样有没有什么缺陷呢？我们等会儿再说。

接着，作者敲减和过表达了最下游的这个miRNA的靶基因，看这个基因与肿瘤的迁移侵袭之间有什么联系：

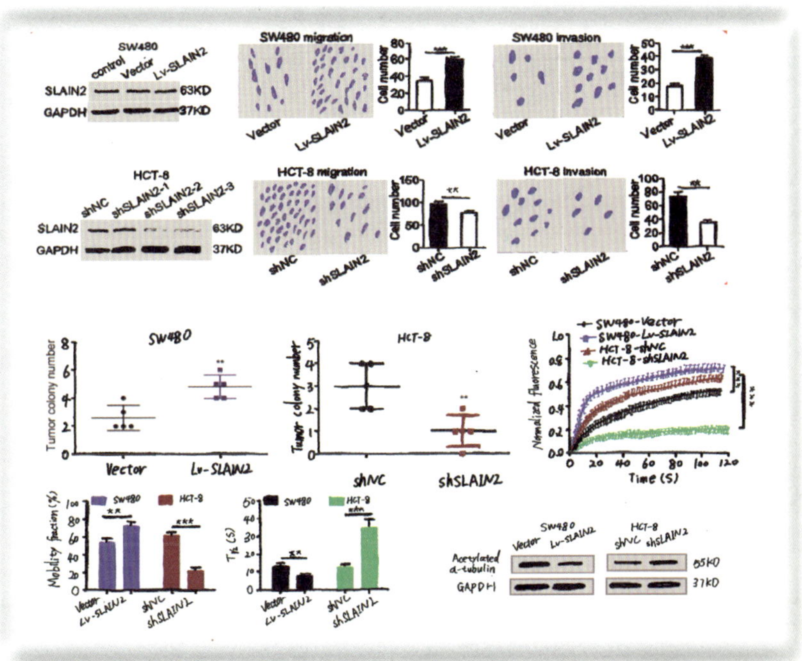

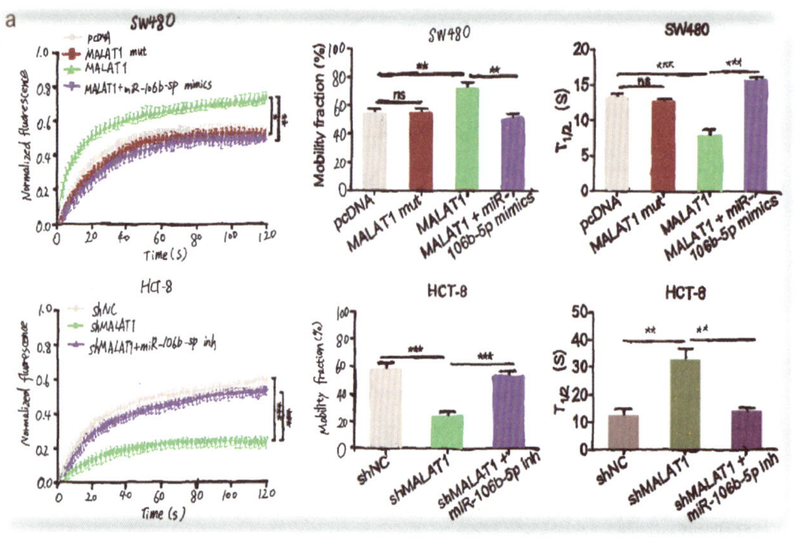

之后，又做了上游 lncRNA 和 miRNA 与肿瘤迁移侵袭的相关性验证。

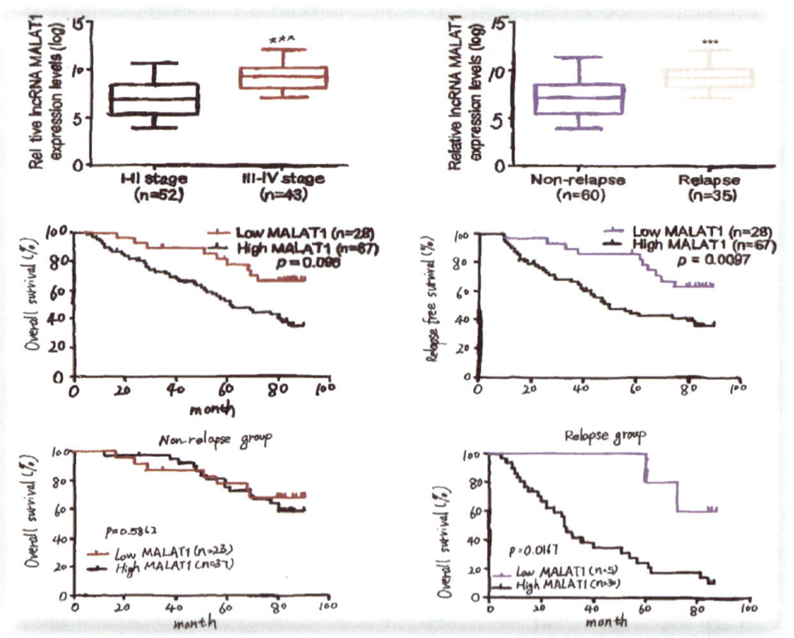

最后，分析了一下 lncRNA 表达与肠癌预后的关系。

OK，这篇文章结束了。

好了，现在我们可以来讲这篇文章的缺陷和局限性了。这篇文章刚开始并没有什么缺陷，做的验证都还算合理。主要问题在这里：

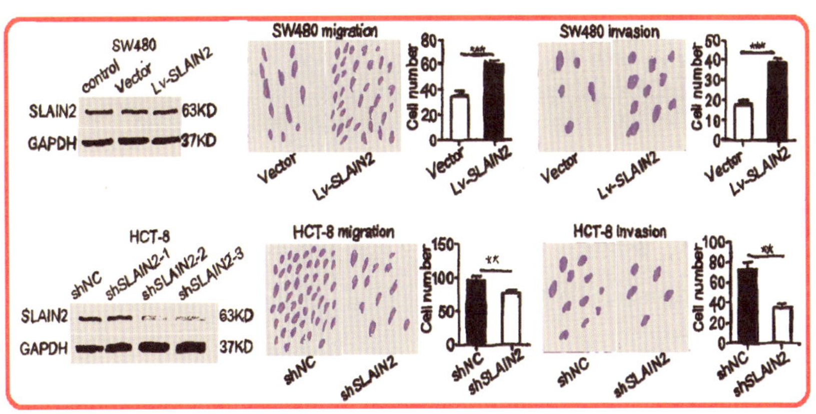

在验证了 lncRNA-miRNA-mRNA 这三者之间的联系后，作者直接做了敲减和过表达末端靶基因这个验证。这里作者犯了一个逻辑错误，叫“肯定后件”，也就是“如果 A，那么 B；现在 B，所以 A”。

也就是说，如果 lncRNA 表达（A）会使 mRNA 导致迁移侵袭表型（B），现在 mRNA 导致迁移侵袭表型（B），那么肯定是 lncRNA 表达（A）导致的。

这个命题就是肯定后件谬误。就比如“如果吃地瓜（A）会胖（B），你胖（B），那你肯定是吃地瓜吃的（A）”，这类都是肯定后件的谬误。

那问题来了，换作夏老师的话，应该怎么设计？

实际上文章之前的设计中有个很好的方法，就是设计三者结合位点的突变体，以此来证明三者的相互联系。那在这个步骤里，过表达靶基因 mRNA 的时候，再额外加上一个 mRNA 的 3’UTR 的突变，就可以把靶基因的表达的原因锁定在 miRNA 上，这样证据链充分了就会好很多（当然，未必能做出表型）。

好了，再回过头来看看本文开头那张表，大概能明白怎么快速看文献了吧？

速读文献是什么“鬼”？（一）

当然，大家最纠结的就是读文献，全是英语的……呃……要是文献全用拼音就好了！Excuse me，pin yin？

XXXX ji yin tong guo tiao jie YYYY xin hao tong lu shang de ZZZZ ji yin lin suan hua you dao de zi shi cu jin shen jing mu xi bao liu xi bao de hua liao nai shou.

好吧，全用拼音估计你也看不下去。我也不知道这篇文章讲了啥，还不如给我看英文的呢。

如果这篇文章对你来说一般般，就是想了解一下，那就需要用到读文献的初级策略——速读。

那问题来了：如何速读文献呢？

为了让大家快速明白，我们举一个例子啊。

比如你打开电视，看到电视购物频道，可能看到他们卖货的场景：

主持人：今天侯总为我们带来的是什么呢？

侯总：今天给大家带来的是一款劳诗·丹顿的手表。

主持人：是什么样的一款手表呢？

侯总：这款手表上面镶嵌着“最起码价值 30 万元人民币”的 2 克拉顶级“八心八箭”完美车工的奥地利水晶钻，今天不要你 30 万，不要你三四千，只要 998！

停！看到这里基本上你就可以明白这个广告要讲什么了吧？基本上就可以考虑不看后面的广

告，直接换台了。这就是摘要，摘要主要是让你了解整篇文章大概讲了啥，所以看完摘要基本上你就明白大概是怎么回事了。

敲黑板，重点来了！摘要的格式大概是这样的：

第一句：大概有个什么样的现象。

（主持人：今天侯总为我们带来的是什么呢？
侯总：今天给大家带来的是一款劳诗 · 丹顿的手表。）

第二句：一般是过渡句，通过这句话，引出为什么要研究这个课题。

（主持人：是什么样的一款手表呢？）

摘要里不会这么说的，摘要里面会举个例子：

1）The function of XXXXX is unclear.

2）Therefore, further investigation of underlying mechanisms in XXXXX is warranted.

3）But these results remain controversial.

第三句：从这里开始会描述整篇文章大致的研究过程。

（侯总：这款手表上面镶嵌着“最起码价值 30 万元人民币”的 2 克拉顶级“八心八箭”完美车工的奥地利水晶钻……）

一般摘要里是这样的句型：

1）The purpose of this study was…

2）In this study, we determined…

3）A XXXXXX assay was used to examine…

最后，一般都是结论句。

（侯总：今天不要你 30 万，不要你三四千，只要 998！）

1）Together, these results suggest that…

2）Our results indicated that…

3）Moreover, this study supports that…

摘要，你会看了吧?

速读文献是什么“鬼”？（一）

明白了摘要的大体结构，就能速读文献了吗？当然不能！

光知道大体的结构，是不能明白这篇文献讲的是什么的。速读，只是为了给你讲精读前，先学会快速浏览文献，知道文献架构是什么，大概讲了什么，逻辑在哪里。

说到逻辑性，我们的摘要还没有讲完不是吗？速读摘要的关键在于理解第三句开始的研究过程。

一般的研究第一步是什么呢？大体上文献研究的第一步都是证明基因和表型的关系。简单点说，几乎大部分与基因相关的研究，其研究的开始大致可以分为两种形式：

1）通过正向遗传学研究。

2）通过反向遗传学研究。

当然，这都是植物学研究的概念。植物学的研究，会通过诱导突变找出与表型连锁的基因，也就是由表型延伸到基因，我们称之为正向遗传学研究。反之，敲减或者过表达某个基因后，表型产生相应变化的，也就是由基因来验证表型的，我们可以称之为反向遗传学研究。这么说可能你会晕，给你举个例子吧。

研究一：正向遗传学研究

在一群人中，发现个胖子，然后调查他的饮食，发现他经常吃某种高热量食物。

研究二：反向遗传学研究

给一个人吃某种高热量食物，发现他会变胖。

大概明白怎么回事了吧？那我们来看文献里的话是什么样的。下面是一篇正向研究的文章。

Analysis of Long Non-Coding RNA Expression of Lymphatic Endothelial Cells in Response to Type 2 Diabetes

Abstract

Background: Recent evidence has indicated that long non-coding RNA (lncRNA) is involved in the pathogenesis of type 2 diabetes, but nothing is known about lncRNA expression changes of lymphatic endothelial cells in response to type 2 diabetes. **Methods**: The GSE38396 dataset was downloaded from the Gene Expression Omnibus database and the probe sets of Human Gnome U133 Plus2.0 microarray were annotated for lncRNA. Differentially expressed lncRNAs between diabetic and non-diabetic lymphatic endothelial cells were calculated. **Results**:Compared with lymphatic endothelial cells in non-diabetic patients, 31 lncRNAs were down regulated and 79 lncRNAs were up-regualted in lymphatic endothelial cells of type 2 diabetic patients. Several known lncRNAs were found, such as H19, GAS5, UCA1, CRNDE, GAS5, and LINC00312. Co-expression network of differentially expressed lncRNAs and mRNAs were constructed. Based on genomic regions of these lncRNAs, we found that binding sites of MAF and TCF3 were enriched and these lncRNAs may be related to insulin reporter signaling pathway and response to insulin stimulus. Conclusions: In a word, we found a set of lncRNAs were differentially expressed in lymphatic endothelial cells in response to type 2 diabetes and these lncRNAs may be involved in the pathogenesis of diabetes-related complications.

这篇文章发表在 *Cell Physiol Biochem*(IF=4.652)上，这就是篇单纯的正向研究的文章，通过分析GEO的数据库里糖尿病的样本，发现了与糖尿病相关的lncRNA。

接下去看看反向研究，这个就比较多了。

(Pro)renin receptor (ATP6AP2) depletion arrests As4.1 cells in the G0/G1 phase thereby increasing formation of primary cilia

Abstract

The (pro)renin receptor [(P)RR, ATP6AP2] is a multifunctional transmembrane protein that activates local renin-angiotensin systems, but also interacts with Wnt pathways and vacuolar H+-ATPase (V-ATPase) during organogenesis. The aim of this study was to characterize the role of ATP6AP2 in the cell cycle in more detail. ATP6AP2 down-regulation by siRNA in renal As4.1 cells resulted in a reduction in the rate of prolifera tion and a G0/G1 phase cell cycle arrest. We identified a number of novel target genes downstream of ATP6AP2 knock-down that were related to the primary cilium (Bbs-1, Bbs-3, Bbs-7, Rabl5, Ttc26, Mks-11, Mks-5, Mks-2, Tctn2, Nme7) and the cell cycle (Pierce1, Clock, Ppif). Accordingly, the number of cells expressing the primary cilium was markedly increased. We found no indication that these effects were depen dent of V-ATPase activity, as ATP6AP2 knock-down did not affect lysosomal pH and bafilomycin A neither influenced the ciliary expression pat tern nor the percentage of ciliated cells. Furthermore, ATP6AP2 appears to be essential for mitosis. ATP6AP2 translocated from the endoplasmatic reticulum to mitotic spindle poles (pro-, meta- and anaphase) and the central spindle bundle (telophase) and ATP6AP2 knock down results in markedly deformed spindles. We conclude that ATP6AP2 is necessary for cell division, cell cycle progression and mitosis. ATP6AP2 also inhibits ciliogenesis, thus promoting proliferation and preventing differentiation.

这篇文章发表在 *J CELL MOL MED*（IF=4.938）上，第一步就是敲减了ATP6AP2基因后，发现了细胞周期的阻遏。

夏老师：无论是正向的研究，还是反向的研究，全都是针对基因与表型之间的关系而做的。能理解这一点，基本上就能了解表型实验这个概念了。有的分数低一些的文章，基本上也就只到表型研究这一步。速读文献的关键，也就在于你是否能快速地在有限的提示下获得文章本身的信息。当你理解了研究的思路后，浏览文献的速度就会逐渐加快。

当然，了解摘要的框架，了解摘要中研究的初级步骤，这只是速读的第一步。掰开揉碎给你讲文献的阅读也只是一个尝试,大家可能开始会觉得这个挺低端的,其实主要是怕大家看不懂。

速读文献是什么“鬼”？（二）

好了，我们继续低端的话题——如何速读文献。在（一）里面，我们分析了一下摘要，没错，摘要是很重要的一块。因为看完摘要，我们就要面对这样的选择：

Title & Abstract
好像能看
没啥意思
继续看
不看了，速读完成

是继续看下去，还是放弃？当你觉得这个摘要写得没啥意思的时候，就可以放弃这篇文章，速读就在这种尴尬的气氛下圆满结束了。如果有兴趣呢？那就面临着进一步的选择：

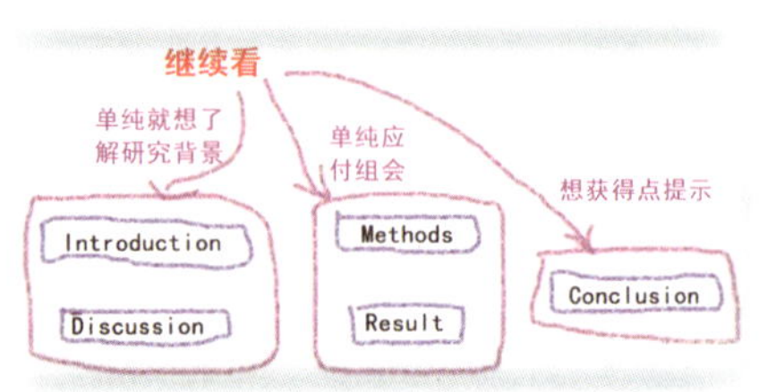

继续看的时候，需要明确你的目的。（1）如果你就是单纯想了解一下背景，说白了，就是看看能不能搬点内容进标书或者论文，或者你还是徘徊的门外汉，你可以稍微看看 Introduction（简介）或者 Discussion（讨论）；（2）如果你是要简单应付组会的，我相信很多人会选这个吧，或者单纯想在文献中寻找一点思路的，那就需要选择只读 Methods（实验方法）和 Result（结果）；（3）当你觉得需要在文献里为你的研究找到点提示的话，就应该看看 Conclusion（结论）。

如果是新手，你真的是想学点背景知识的，我觉得呢，最好还是去读 Review（综述）。

Introduction 的主要内容虽然是背景介绍，当然，写标书，或者写文章，或者写毕业论文的时候，可能用得着。但实际上一篇文章里的 Introduction 主要是针对文献本身的，里面会夹杂很多作者的理解。说简单点，就是作者为了表明自己这篇文章的意义才写的内容，包含了大量作者自身的理解。做个比喻的话，就比如，我要是摆摊卖十三香，我只会跟你说：世上香料千千万，但在香料界数得上的，国外的就是咖喱，国内的就是我们的十三香了。所以，Introduction 也是一样，相对而言比较片面，速读的时候直接排除。

Introduction
背景知识
由于包含作者自身的观点，会有一定的取舍

有人会说 Discussion 很有价值，要看。其实没啥，你再想想十三香就知道了。有人要让我讨论一下我的十三香咋样，难道我会去说，我卖的十三香就跟锯末子一样？显然，头脑正常的我是不会的。我会告诉你：相对于咖喱，我的十三香还有点不足，但是对于国产香料的发扬还是很有价值的。很显然，Discussion 对你来说也并没有什么用。

Discussion
讨论
其实意义只在于本篇文献，也基于作者主观的观点

一篇文献的骨架，其实就是 Methods，Result，Conclusion，这些都是一篇文献中客观的存在。一般来说，如果觉得 Methods 中，实验的设计有点意思的话，就可以选择继续看下去。如果觉得没啥意思的话，就放弃，然后继续我们简单快乐的生活。

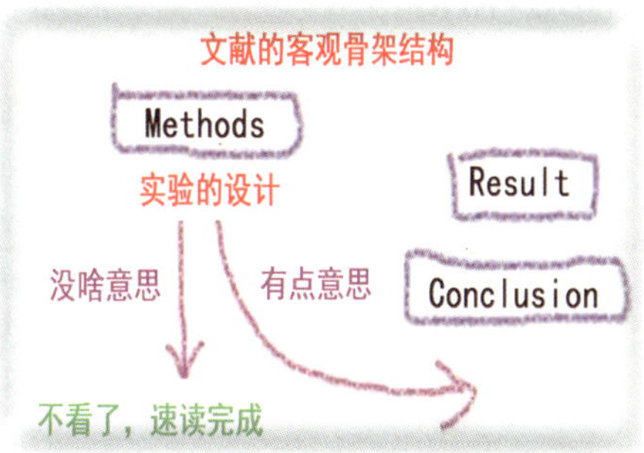

当你还是坚持读下去的时候，就可以直接看 Result 了。Result 主要的结构就是标题、图例和图。标题告诉我们的是为啥要做这个，因为标题都是有连贯性的。图例告诉我们的是如何论证。图则显示了结果的具体内容。

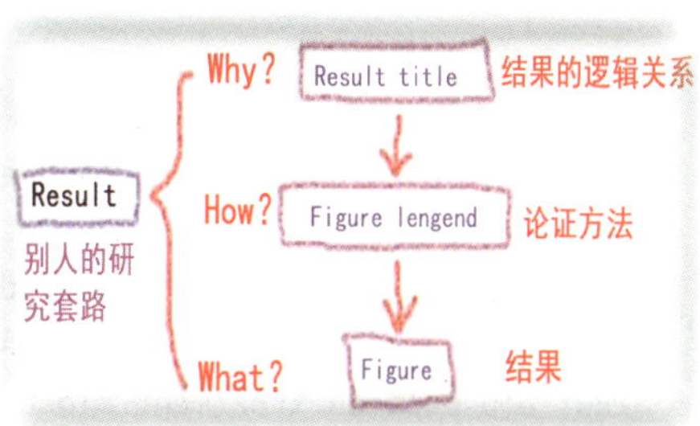

当然，你不是一个参加《最强大脑》，然后还进了"名人堂"的选手，所以，你不可能在短时间内记住很多事情。于是你需要绘制这样的脑图来帮助你厘清这篇文章的结果。一般来说我会使用 Adobe 的注释，然后用 Docear 打开，直接生成一张类似这样的分枝状思维导图。但在一般的思维导图中，这个图里的绿色箭头所表明的垂直逻辑关系基本是不会显示的，这就需要你自己来绘制文献的思维导图了。

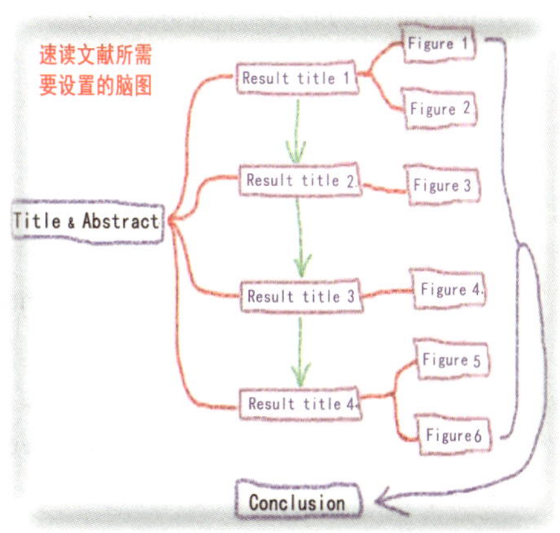

举个例子，我随便找了个文献，好像是讲 HIV 上某个蛋白抑制乳腺癌外泌体释放来阻遏细胞周期的。很好，5 分，就随便讲一下吧。

Oncotarget.2017, Vol.8, (NO.7).PP:11302-11315

Secretion modification region-derived peptide blocks exosome release and mediates cell cycle arrest in breast cancer cells

摘要中，我们可以看看第一句，就基本知道他们要做的是什么了。

ABSTRACT

Purpose: Discovery and development of a novel anticancer PEG-SMR-Clu peptide to prevent breast cancer metastasis. How breast cancer cells and primary mammary epithelial cells interact and communicate with each other to promote tumorigenesis and how to prevent tumor metastasis has long been a concern of researchers. Cancer cells secrete exosomes containing proteins and RNA. These factors can influence tumor develoment by directly targeting cancer cells and tumor stroma ......

接着，结果部分标黄色的句子，就是这篇文献的关键结果。

Results: PEG-SMRwt-Clu and PEG-SMRwt peptides inhibited the growth of both of MCF-7 (estrogen responsive, ER+) and MDA-MD-231 (estrogen non-responsive, ER-) human breast cancer cells in a dose and time-dependent manner, without inducing cytotoxic effects. The SMRwt peptide, combined with paclitaxel, induced G2/M phase cell cycle arrest on MCF-7 and MDA-MB-231 cells but did not prpmote apoptosis. PEG-SMRwt-Clu peptide treatment blocked exosome release from both MCF-7 and MDA-MB-231 cells. This effect was blocked by knockdown of the chaperone protein mortalin by either antibody or siRNA.

摘要的 Conclusion 部分，也看第一句就行了。

Conclusions: PEG-SMRwt-CLU peptides inhibited the growth of human breast cancer cells and blocked tumor exosome release in *vitro*. The peptide alone did not cause increased cytoxicity or apoptosis induction, but did cause cell cycle G2/M phase arrest in both estrogen responsive and non-responsive breast cancer cells.....

接着把 Result 的所有标题画在纸上。

1. SMR peptides inhibited cell growth of breast cancer cells

抑制增殖

2. SMRwt peptides contribute to cell cycle arrest in breast cancer cells

阻遏细胞周期

3. SMRwt peptides increased the sensitivity of breast cancer cells to cisplatin and paclitaxel in MCF-7 breast cancer cells

促进化疗敏感

4. SMR peptide blocked exosomes release in breast cancer cells

主要通过抑制外泌体

5. Blocking the SMR-mortalin interaction blocks exosome release in breast cancer cells

通过mortalin作用抑制外泌体

然后寻找出它们的关系。

基本上一篇文献的大概意思就这么出来了。就 Result 的标题和 Abstract 而言，用谷歌翻译就能解决了。

夏老师：文献速读，其实在于你的取舍。你的取舍，源于你读文献的目的。要真的是为了组会才读文献的话，基本上做 PPT 的时候，直接把 Result 的标题作为每页 PPT 的标题，然后下面直接贴上图片就行了。这能使得你的文献导读 PPT 做到最简洁有效，别问我为什么知道。好了，这次就先说到这里吧。

速读文献是什么“鬼”？（三）

上次教了大家，如何整理一篇文献的思路。说简单点，其实就是将文献中 Result 中所有的标题通过一张脑图进行关联，从而厘清思路。

有人会说了，这文章看多了，自然就懂了。呃，这很难说。其实用脑图来速读文献，无论你熟不熟悉这类文献的套路，一般都是可以读下来的。

下面给你们演示一下，一篇你们平时也很少有机会看的植物学的文献，是如何完成速读的。

The Rice Receptor-Like Kinases DWARF AND RUNTISH SPIKELET1 and 2 Repress Cell Death and Affect Sugar Utilization during Reproductive Development.

Plant Cell 2017 29: 70-89. Advane Publication January 12. 2017

1）通过对基因的分析发现受体样激酶的基因
2）分析了表达情况

0503g21540 and 0501g56330 encode receptor-like kinases and have widespread, overlapping expression patterns

1）基因表达定位在膜上
2）功能与拟南芥的Fer-4相似

DRUS1 and 2 are plasma membrane-localized. Kinase-active RLK5 that can complement Arabldopsis fer-4 plants

DRUS1 DRUS2 double mutants and RNA1 lines show defects in stem elongation, Inflorescence and spikelet development, and seed setting

突变和敲减后抑制茎干增长，发生花序、小穗、种子缺陷

DRUS1 DRUS2 double mutants and RNA1 lines also show defects in floral organs and pollen viablilty

突变和敲减后，发生花器官和花粉发育缺陷

Cell death occurs in dk and edRi anthers throughout development

在发育过程中，突变体及敲减株显示出了细胞死亡

The cysteine protease inbibitor E-64 blocks cell death but does not rescue callus growth in dk mutants

半胱氨酸蛋白酶抑制剂E-64阻断细胞死亡，但不能阻止突变体的愈伤组织生长

lack of DRUS1 and 2 affects sugar utilization or conversion

会对突变体的糖代谢产生影响

这篇文献是最近的 *Plant Cell*（IF=8.538）上的，估计你们也不太了解这杂志是啥情况，就这么说吧，植物学领域（不包括遗传那部分，遗传方向有 GD 之类的，算是比较高端的了），这个已经算是比较高端的植物学杂志了。这篇文献，首先看标题可以知道 *DRUS1* 基因在生殖发育过程中影响了糖代谢，并抑制了细胞死亡。

首先，速读文献的我们，就先把 Result 中所有的标题画好，做上简单的中文注释。

接着，我们将 Result 中所含有的 Fig.（图片）添加到标题下方，用蓝色字表明整个结果证明了什么。文章中上下文两个标题间肯定是有联系的，可以将这种联系用对上一个结果的疑问来表述，而下一个结果就会是对这个疑问的回答。一般来说对于 Result，我们需要关注的是第一句及最后一句，这样会加快阅读速度。

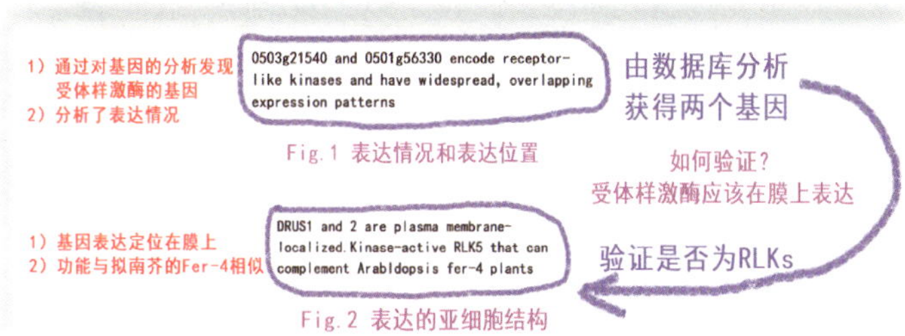

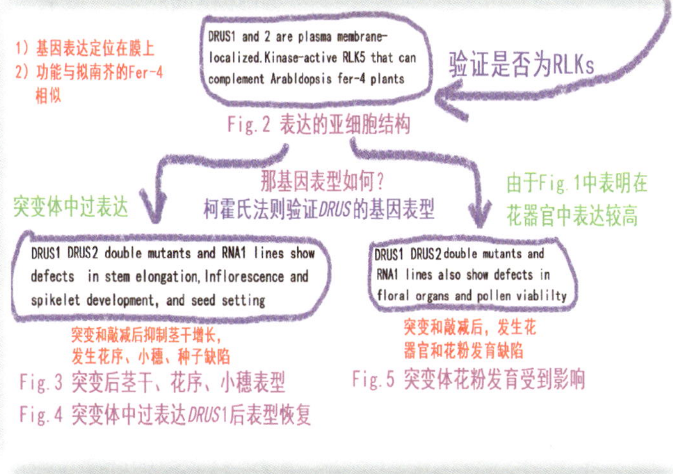

我们可以看到，他们通过数据库的序列分析，发现了水稻的两个基因可能包含了 RLK（受体样激酶）功能（具体怎么分析的我也不清楚），然后分析了一下基因的表达位置。那如何来证明是否为受体样激酶呢？首先作为受体肯定是在膜上的，而且肯定是有激酶活性的。那第二个结果就得到了验证。

验证了 *DRUS1/2* 是 RLK（受体样激酶），那这基因的表型是什么呢？这个就需要通过柯霍氏法则进行验证（简单点说就是敲减了之后，看表型有什么变化）。由于 Result1 中显示是在花中表达较高，所以关注的是生殖发育表型。而突变体中，过表达 *DRUS1* 后，缺陷表型有所恢复。

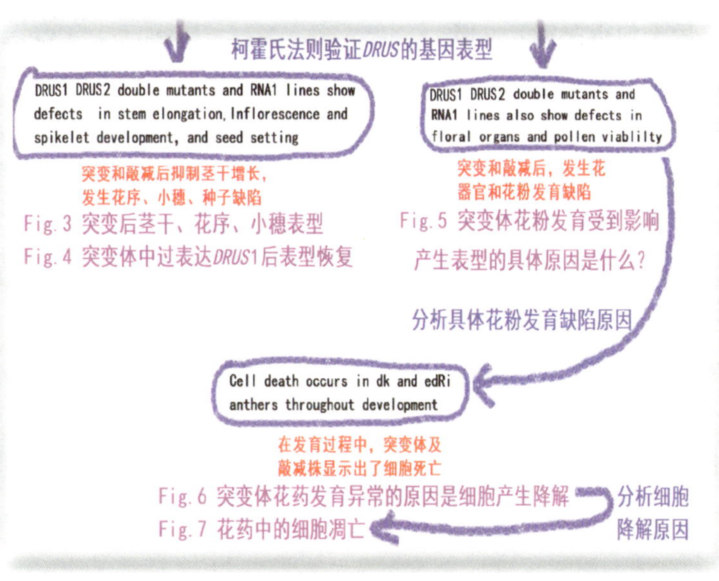

既然在生殖发育中存在功能（Result1 里提到过，这两个基因在花中表达较高，记住：花是植物的生殖器官），那这 *DRUS* 基因的具体功能是什么呢？于是就需要分析花发育缺陷的原因，从花药入手。他们发现花药的发育产生了大量细胞的降解（不要在意这是啥意思），那就和细胞凋亡或者死亡有关。那具体是什么呢？于是在 Fig.7 中进行了进一步的验证，果然是与细胞死亡有关。

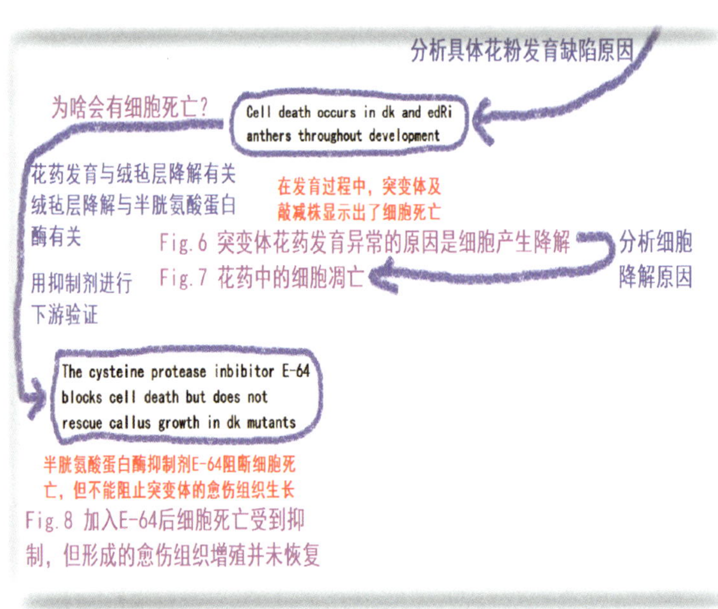

那细胞的绒毡层（估计这种名词，即使翻译成中文你也未必懂）为什么会有大量细胞降解呢？通过之前的文献发现，绒毡层降解大概和半胱氨酸蛋白酶有关（这个好像也是在这一小节 Result 的第一句里面，所以第一句和最后一句很关键），那这个有可能就是 *DRUS* 的下游，通过抑制剂验证了这个说法。细胞死亡得到了验证，但是另外一个表型——愈伤组织（这个也是在第一个 Result 中提到的有这两个基因表达的位置）生长的表型无法被恢复。

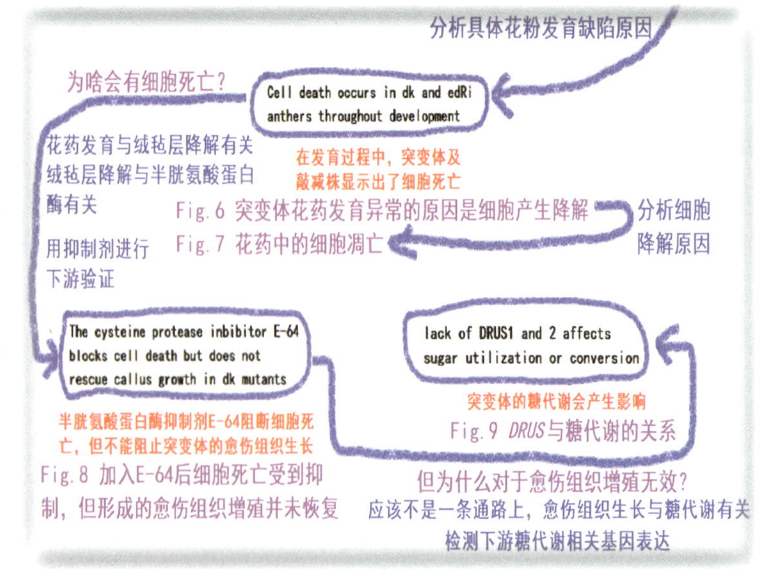

也就是说，可能存在另外的通路。而和愈伤组织生长有关的就是糖代谢，于是他们验证了一下糖代谢的基因，发现有几个确实是在 *DRUS* 的突变体中有表达变化（也就是 *DRUS* 的下游基因）。

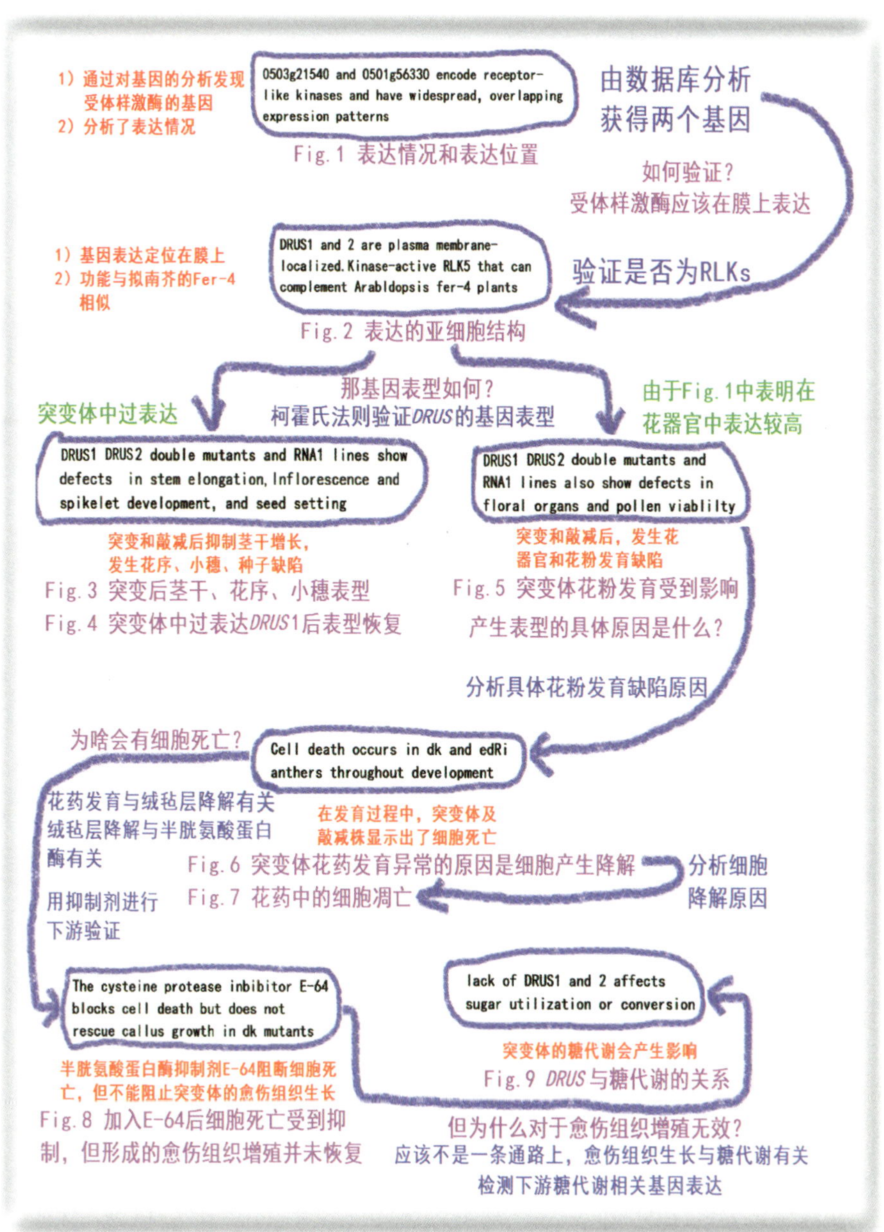

这篇文章的论证就这么完毕了（说实话，具体整个通路是咋回事也没说得很清楚），经过这样的整理，文章框架，你应该能大概掌握了吧。

我们粗略地分析一下文章结构，会发现，前半部分主要论证的是发现这个基因以及基因与表型的关系，后半部分则是基因与机制的关系。

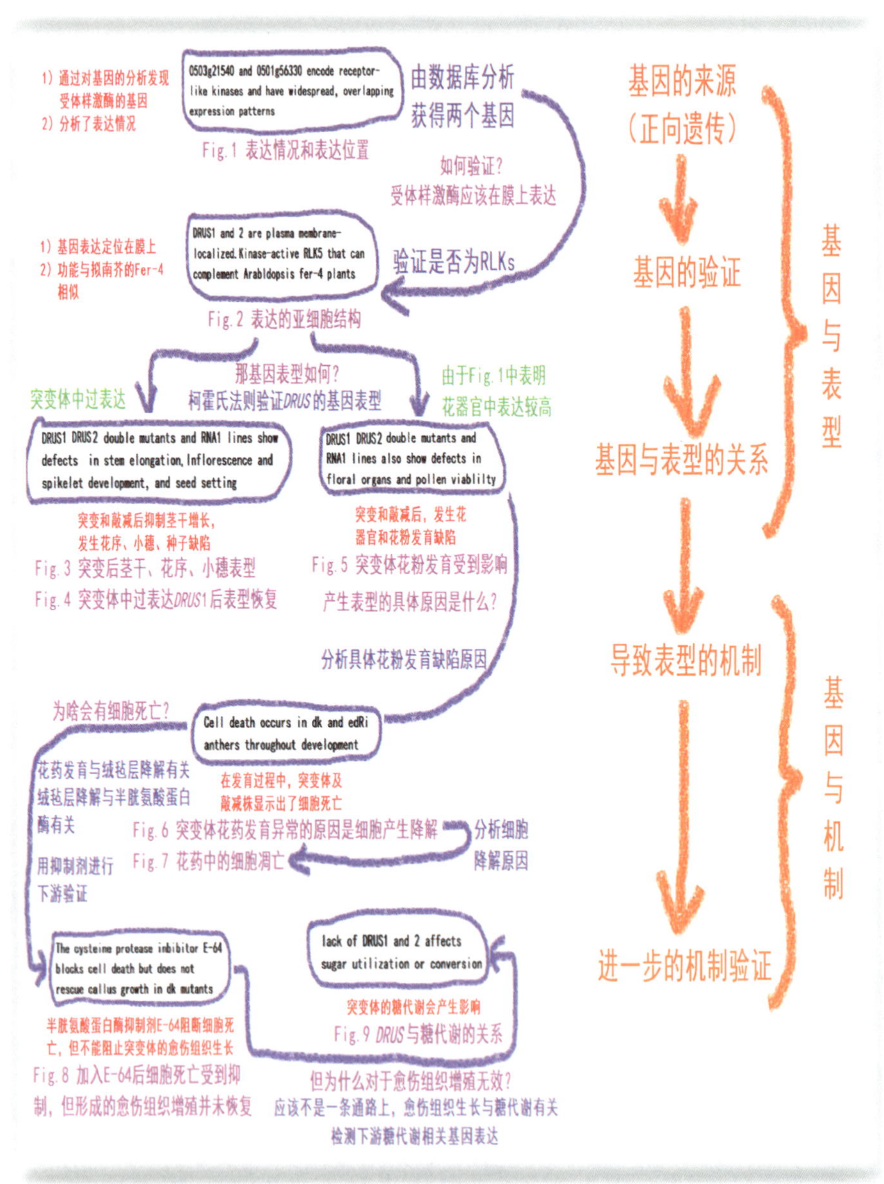

作为医学生或者医生的你，一辈子都不会想要去搞清楚什么是绒毡层，什么是花丝花药发育的。但理解了一篇文献的脑图如何画，应该会对你将来阅读文献及对与你专业相关的文献结构的掌握有所帮助。

夏老师：速读一篇文献，光靠这样的文献结构的划分，就够了吗？

答案是：肯定不够！

使用脑图速读文献的方法，只是让你快速了解文献的架构，但是对于这样一篇陌生的文献而言，你肯定会提出很多问题，于是这篇文献的框架脑图就会被扩展成这样：

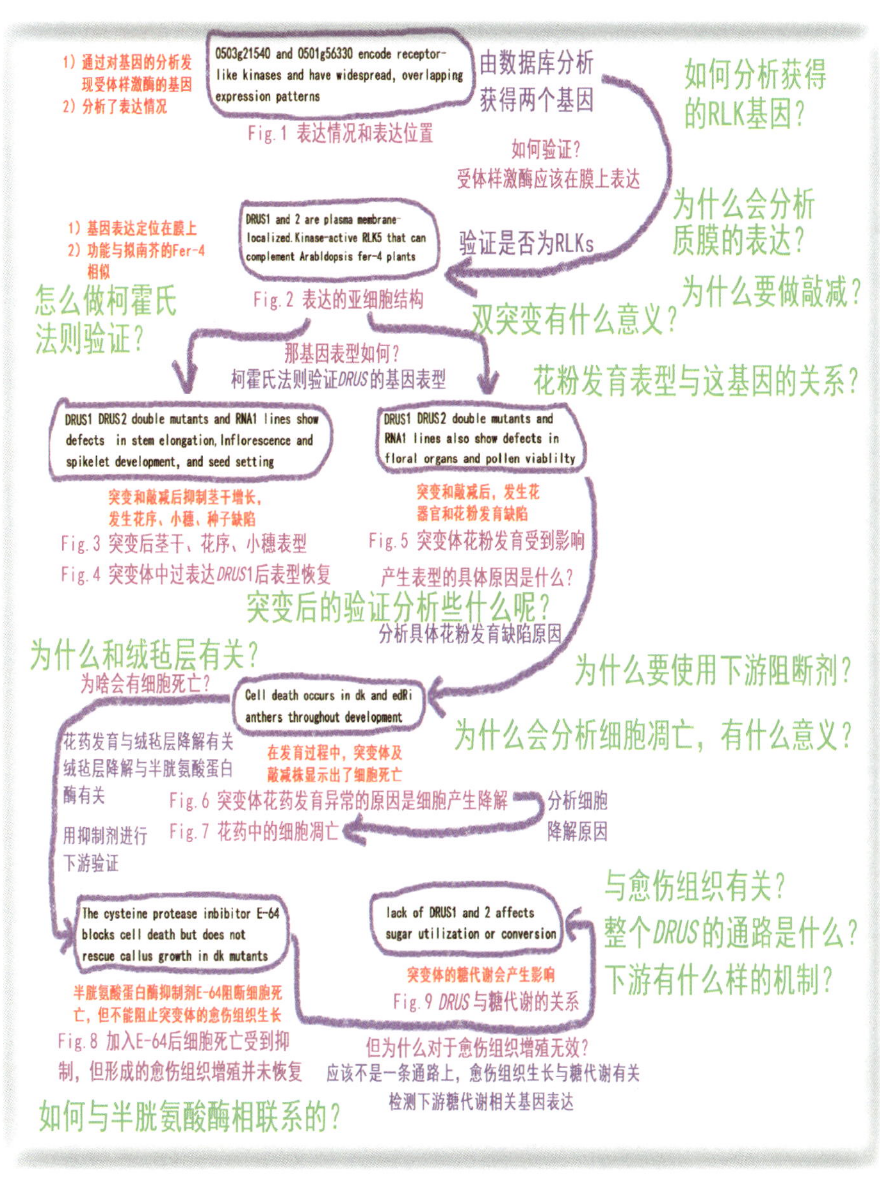

这些疑问，可以先记录在旁边，然后通过查阅相关文献来进行解答，并扩展这个脑图。这样可以进一步加深你对这篇文献的理解。

速读文献是什么"鬼"？（五）

前几篇呢，我给你们讲了如何快速掌握文献的框架。但是要速读文献，怎么样才能更快呢？当然先要学会看图。

那一篇文献的图要怎么来看呢？文献里的图大致都是这个样子的：

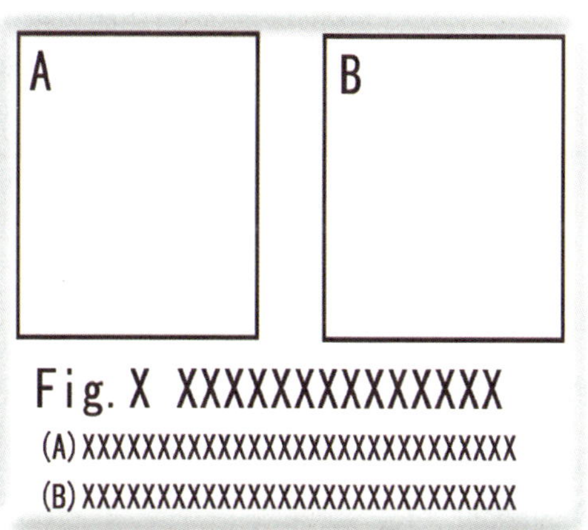

对，就是有 Title（标题），Fig. legend（图例），还有图本身。

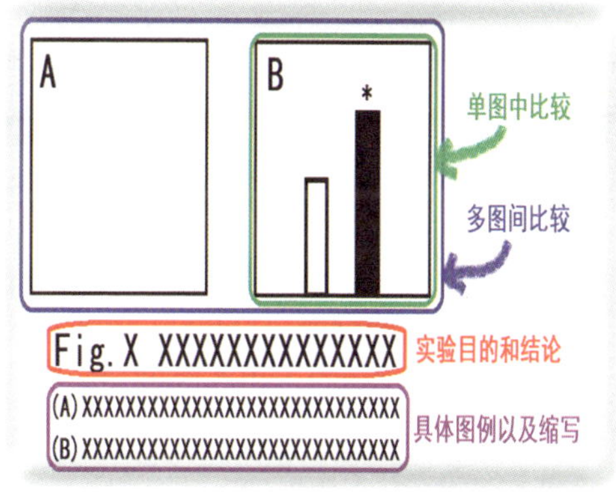

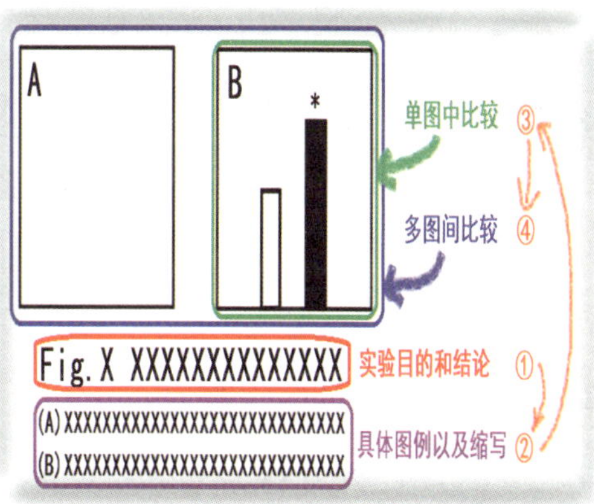

图的 Title 一般来说都会直接点明实验的目的和结论，legend 主要是对图进行具体说明，并且解释一下上面的缩写。图片基本上都是进行相互比较的。怎么相互比较呢？图中一般都会有阴性对照（negative control）或者空白对照之类的，以这个为基准，用处理组和它来做比较就行了。最常见的就是这样的柱形图，注意关注一下上面带"*"的那些就行了。

一个图的阅读顺序，一般是先看图的标题，明确讲的什么内容，然后看图例，明确有哪些处理以及哪些对照，最后看图中比较的结果，就行了。

我们可以先尝试一下：

这是一篇文献中的图片，看标题可以了解肝切除假手术以及肝切除手术之间组织切片的 HE 染色比较，而按照图例，将不同图间比较显示出来，看到差异。这个我想大家应该都能看懂。这就是最基本的表型分析图片，当然这还能衍生成免疫组化，Western bolt（免疫印迹试验）、qPCR（实时荧光定量核酸扩增检测系统）等等。

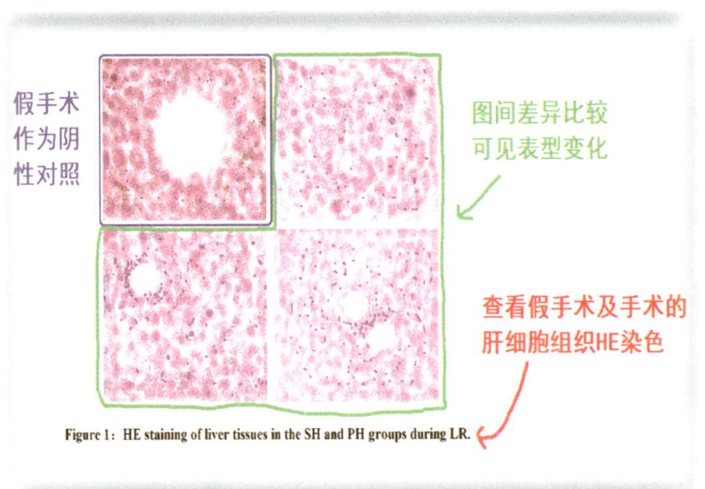

Figure 1: HE staining of liver tissues in the SH and PH groups during LR.

我们继续。这是另一篇文献的一张图，这里的标题显示，这是 miRNA 对于自噬的一个分析，图例中显示的方法就是查看标记有 GFP 的 LC3 基因表达情况。当然，图中的柱形图对比，肯定是关注带“*”的。通过对图例的阅读，可以了解实验的阴性对照、空白对照、阳性对照及处理组。将处理组的结果与各组对照比较后，就可以发现，miRNA 处理后，与阳性对照（加入自噬抑制剂）的效果一致。可明确该 miRNA 可以抑制自噬发生。

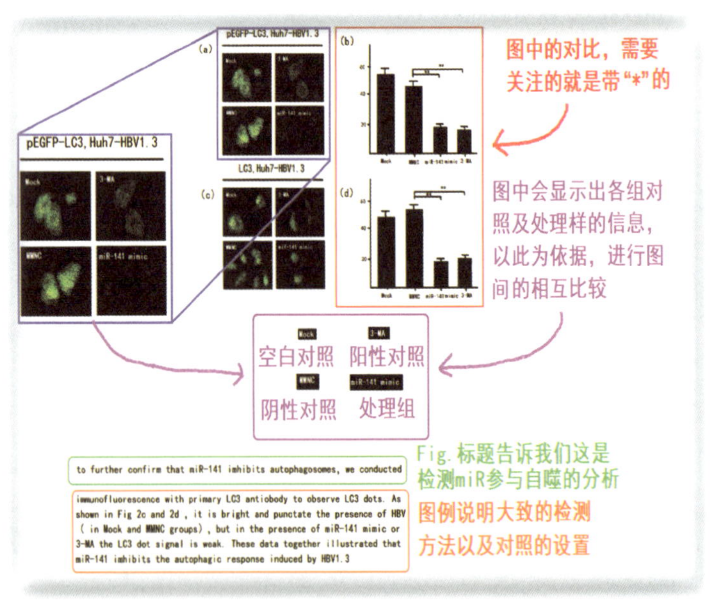

to further confirm that miR-141 inhibits autophagosomes, we conducted

immunofluorescence with primary LC3 antibody to observe LC3 dots. As shown in Fig 2c and 2d, it is bright and punctate the presence of HBV (in Mock and MMNC groups), but in the presence of miR-141 mimic or 3-MA the LC3 dot signal is weak. These data together illustrated that miR-141 inhibits the autophagic response induced by HBV1.3

在文献中让人头大的还有这种带“+”“-”的处理图片，很多时候会出现在 CoIP（免疫共沉淀试验）或者加药处理的图中。首先可以将图中的“+”“-”进行分类，其实一般就表示多组的处理，当然各组都会有阴性处理的对照组。回到图上，再来看的还是图中带“*”的，或者在 Western 图中，与阴性结果有明显亮度差异的那几个。然后对应他们的处理方法来进行分析，比如，这个未经过处理 1 的结果没什么变化，而经过处理 1 后，处理 2 相对于阴性对照变化较大（带“*”的）。可以获得的基本结论就是，处理 2 会影响处理 1 作用后该检测基因的表达。

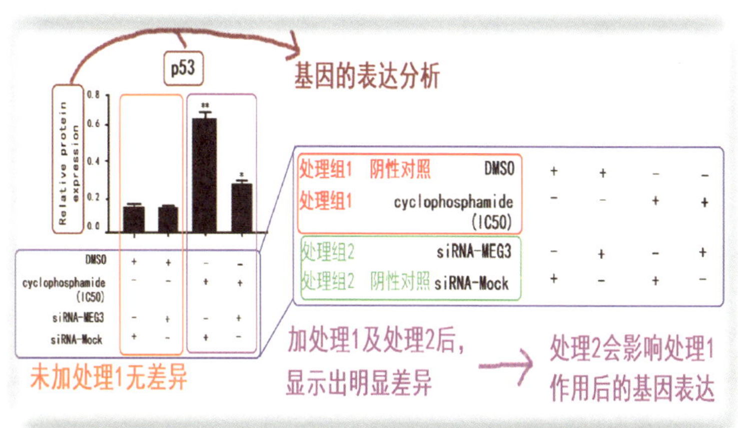

速读文献是什么“鬼”？（八）

如何才能提高阅读文献的速度？怎样才能一瞥就基本知道这文献里讲的具体是什么样的实验呢？

之前我们讲了图片的结构，以及基本表型所涉及的一些实验。我们今天继续来分析文献中的图都有些什么。只有在你熟悉了自己所研究的这个领域中常用的技术，才能理解实验的图都在讲些什么。

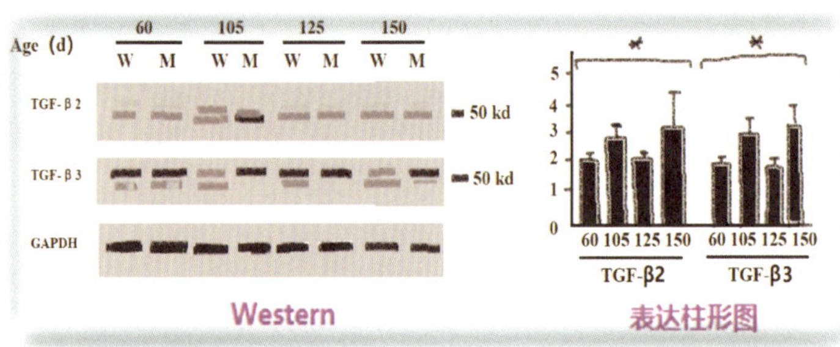

比如这样的 Western 图，基本上解释的就是蛋白表达，而旁边的柱形图，一般也就是用 Western 的灰度进行的计算。这种都是比较常见的图。当然，由于 Western 的应用比较广，所以会在文章里经常出现。

肿瘤的话，最常见的应该就是类似这样的增殖表型。经费充足的话，会做点类似 BrdU 的细胞增殖荧光分析，或者是看看 AnnexinV 之类的染色查看凋亡表型。比较简单点的，会有类似绿框的这种生长曲线。或者用紫框中的简单的流式图分析一下细胞周期。这都是比较常见的。细胞周期怎么看？看实验组和对照组的差别就行了，哪块鼓起来，就是哪块阻滞了。

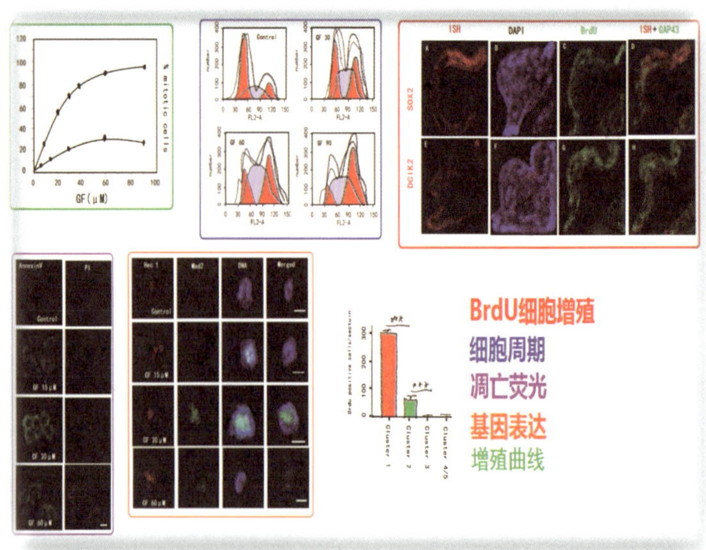

除了增殖表型，常见的肿瘤细胞表型还有细胞迁移侵袭表型，就会有类似这样的TransWell（细胞迁移）实验，尾静脉注射小鼠，或者是比较低端一点的划痕试验，等等，为的就是表面细胞能有迁移能力。一般在这样的实验后面有一张图，还会有检测EMT相关基因或者MMP2/9之类的基因表达图。

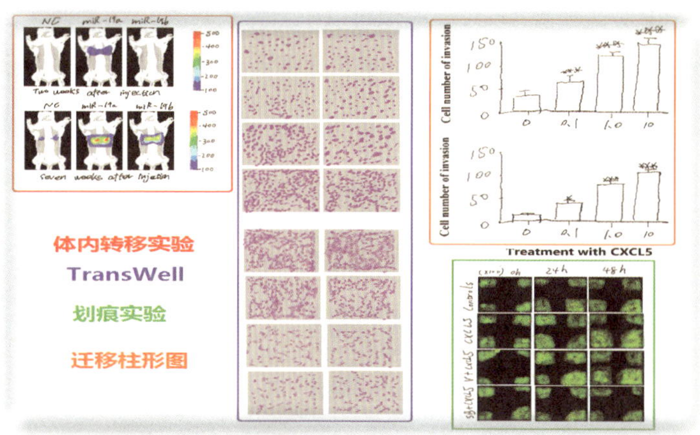

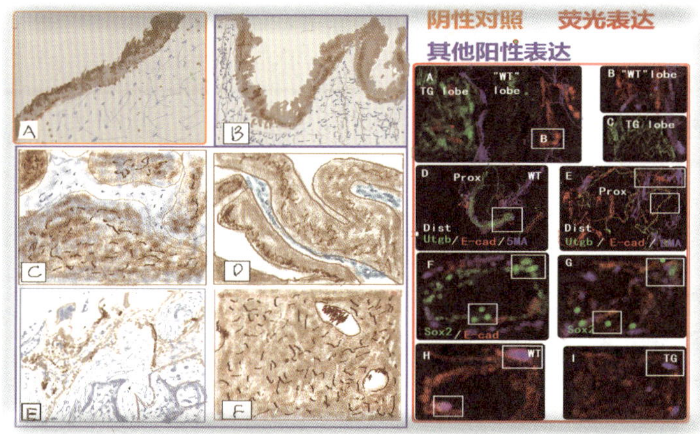

图中常见的还有免疫组化以及免疫荧光分析，这些分析都是看某个或者某些基因在组织切片中表达情况的，当然，所有的都会有一个对照来给你参照。

细胞的凋亡、死亡，细胞周期，也是很常见的表型。流式检测早凋或者死亡的话，就是绿框中显示的，同样是和对照相比较，处于早凋（左上或者右下）象限中的细胞会增多，或者死亡（右上）象限中的细胞会增多。TUNEL也是常见的检测细胞凋亡的方法，当然，会分成荧光和原位两种，自然是越亮凋亡越多。其他就类似流式检测细胞周期，也会显示一些细胞阻滞，刚刚也提及了。

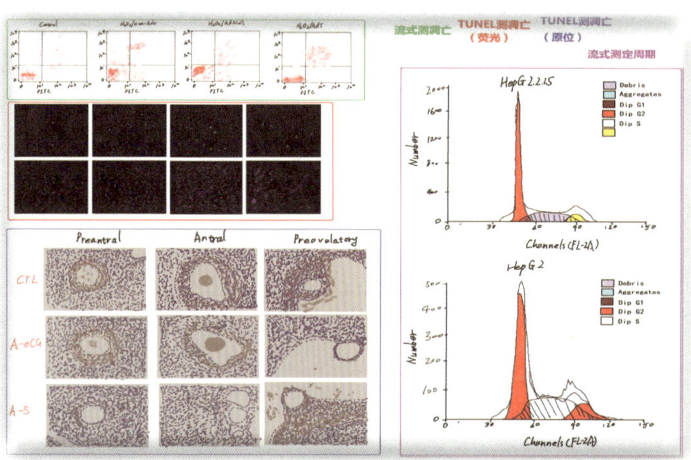

除了凋亡，自噬也是常见的，会有电镜观察（蓝框），以及 LC3 的蛋白分析，用 LC3-GFP 荧光或者 Western 的都可以，因为成熟的 LC3 是形成自噬体的蛋白。还有一种就是采用吖啶橙染色检测自噬，红色荧光变多，就代表酸性自噬小泡增多。

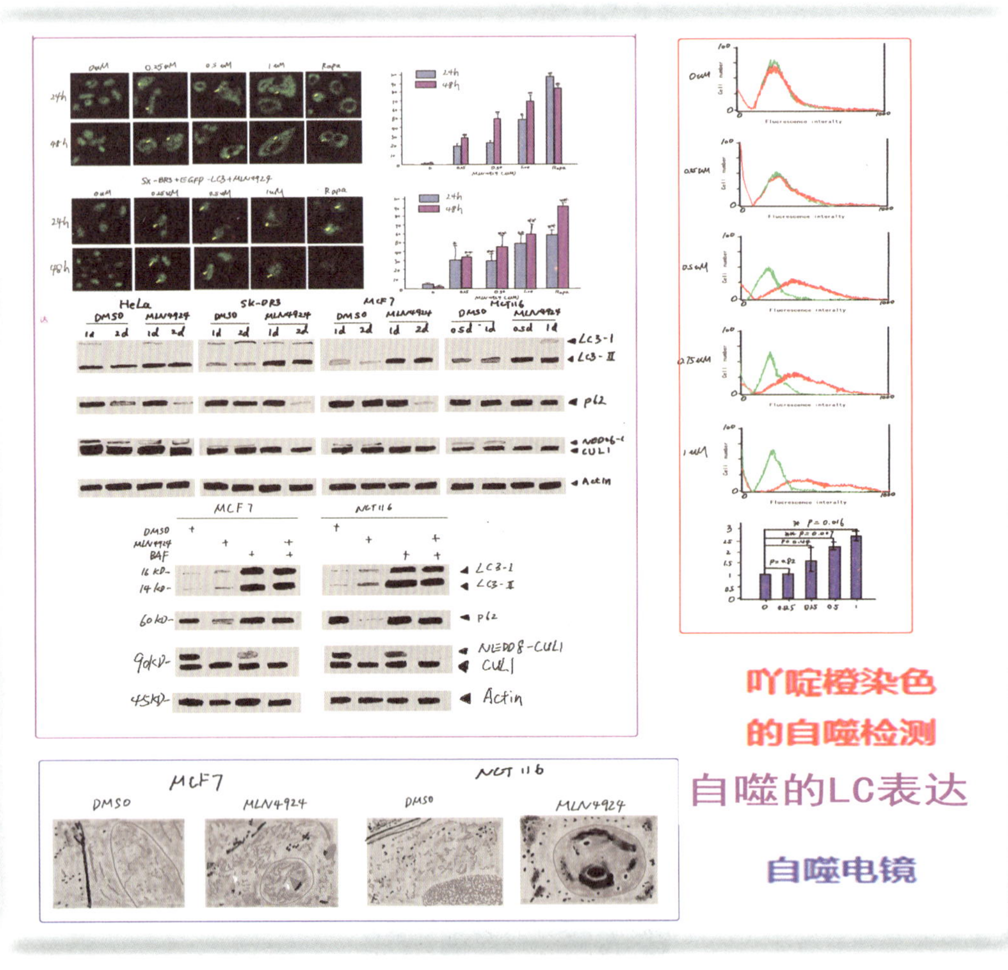

蛋白与核酸之间的结合，也是常见图，比如结合了蛋白后的核酸会导致电泳迁移变慢，也就有了 EMSA 凝胶阻滞实验。蛋白如果和启动子核酸结合，那就会促进或者抑制表达，造成荧光分子表达产生变化，这就是 Luciferase，一般这样的 Luciferase 实验都是以柱形图表示的。还要说的就是 Luciferase 实验也经常出现在 miRNA 的转录调控研究中。蛋白对于核酸，还有类似 ChIP（染色质免疫共沉淀）之类的实验，就是把需要研究的蛋白拉下来，然后分析它们结合到的核酸，一般会有测序和 PCR 两种模式。当然不光是拉 DNA，如果要研究 lncRNA 的话，还可以分析 RNA-ChIP，意思是一样的。

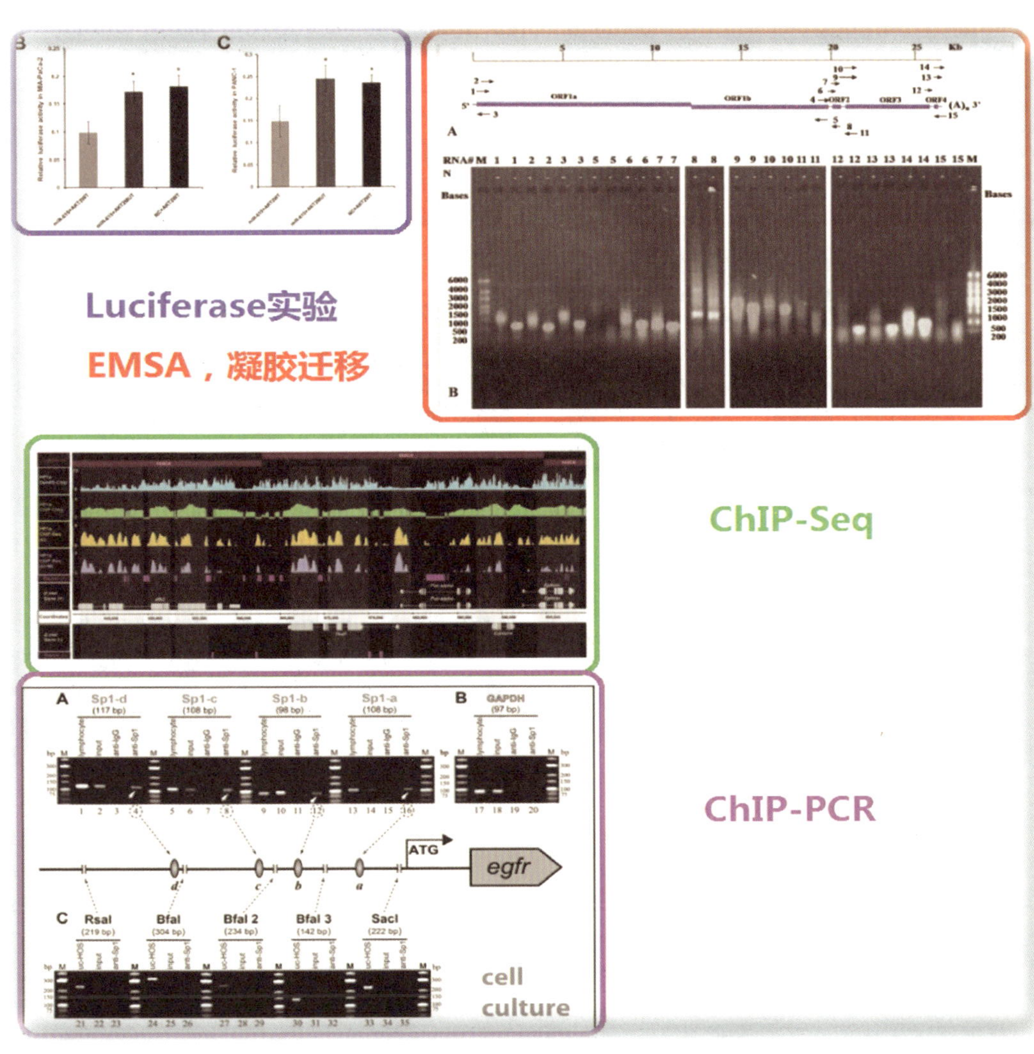

研究蛋白间的互作，也是机制研究中常有的。橙色框中的，就是酵母双杂实验，当然，一般在四缺的 SD 培养基中是不会有颜色的，这种颜色一般都是二缺 X-Gal 上涂板的结果，蓝色越深，蛋白相互作用越强。做完双杂一般都会做一个 CoIP 来进行验证，就是用其中一个蛋白去拉，看是否能拉下来另一个蛋白，这些都会用 Western 来显示。当然，除了这些常见的蛋白互作实验，还有荧光共定位。而双荧光互补实验（BifC）就更明确，两个蛋白靠近后结合在一起，才会有荧光。

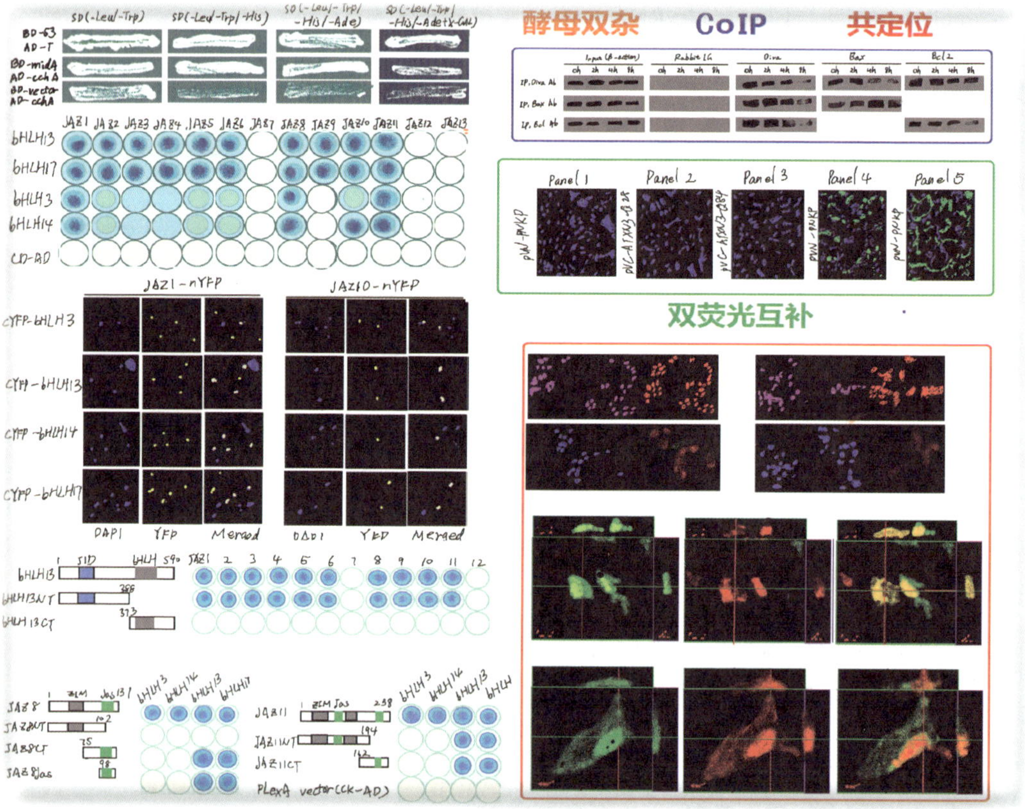

酵母双杂　CoIP　共定位

双荧光互补

大致的常见图片就展示到这里了。大家可以回去熟悉一下自己研究领域的套路。

夏老师：这次给大家讲了一下快速浏览并熟悉图片的大致方法，大家可能会感觉很迷茫哈，哪能快速看懂那么多图片呢？其实很简单，去看传说中的文献中图片浏览的网站。

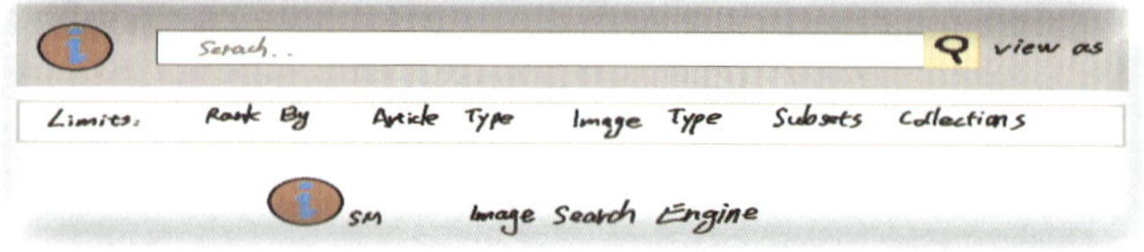

只要输入你研究的方向，就会出现一批批的相关图片，足够你慢慢研究熟悉的了。

速读文献是什么“鬼”？（十三）

这次应该是这个系列的最终章了，有很多人会疑惑，为啥我漏了好多？怎么办？

这就是我这次最后想要告诉你们的，完整地速读一篇文献后，我们需要用自己的话对文献内容进行一个总结。当然，我们先拿一篇简单的文献随便速读一下。

3086-3101 Nucleic Acids Research,2017.Vol.45,No.6
doi: 10.1093lnarlgkw1247

H3K27 acetylation activated-long non-coding RNA CCAT1 affects cell proliferation and migration by regulating SPRY4 and HOXB13 expression in exophageal squamous cell carcinoma

这篇文章之前好像我讲过，是 lncRNA 调控基因表达导致肿瘤细胞迁移侵袭的。我们读完 Title 后，大概能了解这做的是什么了。

ABSTRACT

Recently, long non-coding RNAs (lncRNAs) have been shown to have important regulatory roles in human cancer biology. In our study, we found that lncRNA CCAT1, whose expression is significantly increased and is correlated with outcomes in Esophageal Squamous Cell Carcinoma (ESCC). Consecutive experiments confirmed that H3K27 acetylation could activate expression of colon cancer associated transcript-1 (CCAT1) .Further experiments revealed that CCAT1 knockdown significantly repressed the proliferation and migration both in vitro and in vivo. RNA-seq analysis revealed that CCAT1 knockdown preferentially affected genes that are linked to cell proliferation, cell migration and cell adhesion complexes (5′ domain of CCAT1 binding Polycomb Repressive Complex 2 (PRC2) while 3′ domain of CCAT1 binding SUV39H1) and modulate the histone methylation of promoter of SPRY4 (sprouty RTK signaling antagonist 4) in nucleus. In cytoplasm, CCAT1 regulates HOXB13 as a molecular decoy for miR-7, a microRNA that targets both CCAT1 and HOXB13, thus facilitating cell growth and migration. Together, our data demonstrated the important roles of CCAT1 in ESCC oncogenesis and might serve as targets for ESCC diagnosis and therapy.

首先，按照在（一）中提到的，我们需要快速浏览一下摘要，对于摘要，我们需要了解其中的关键句子。没错，就是标黄色的句子，可以说这是摘要的主干。

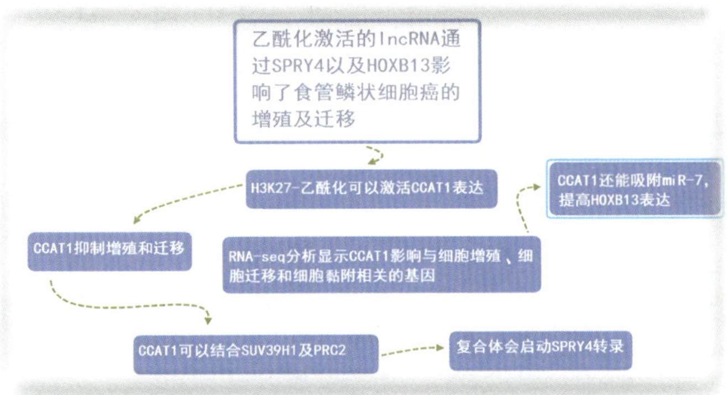

然后，我们把总结提炼的这几个摘要中的句子进行整理，就可以得到这个简单的思维导图。这就是这篇文章大概描述的故事了。

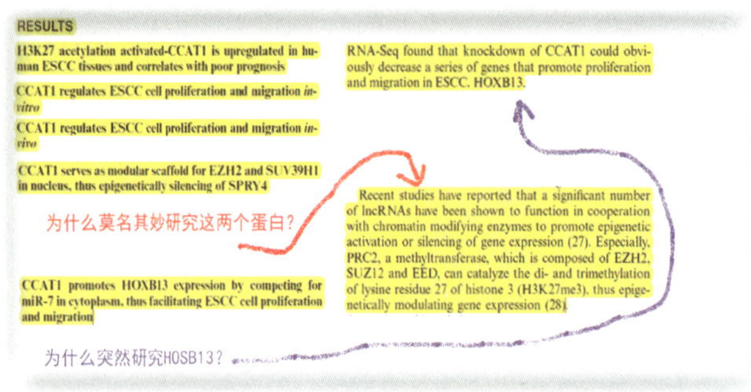
RESULTS

H3K27 acetylation activated-CCAT1 is upregulated in human ESCC tissues and correlates with poor prognosis

CCAT1 regulates ESCC cell proliferation and migration *in-vitro*

CCAT1 regulates ESCC cell proliferation and migration *in-vivo*

CCAT1 serves as modular scaffold for EZH2 and SUV39H1 in nucleus, thus epigenetically silencing of SPRY4

CCAT1 promotes HOXB13 expression by competing for miR-7 in cytoplasm, thus facilitating ESCC cell proliferation and migration

RNA-Seq found that knockdown of CCAT1 could obviously decrease a series of genes that promote proliferation and migration in ESCC. HOXB13.

Recent studies have reported that a significant number of lncRNAs have been shown to function in cooperation with chromatin modifying enzymes to promote epigenetic activation or silencing of gene expression (27). Especially, PRC2, a methyltransferase, which is composed of EZH2, SUZ12 and EED, can catalyze the di- and trimethylation of lysine residue 27 of histone 3 (H3K27me3), thus epigenetically modulating gene expression (28).

在（二）和（三）中我们提到，在分析文献过程中，读完 Abstract 后，我们需要对各个 Result 的逻辑枝节提出它们的相关性的问题。而这些问题，就是其中的逻辑关键。

通过这些问题，我们会得到所有逻辑点之间的联系，并把所有的结果逻辑串联起来。

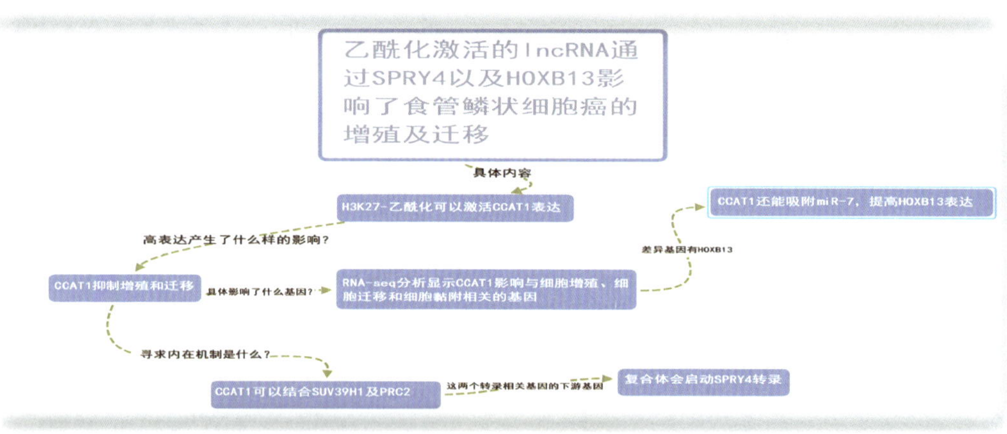

接着，我们进入了快速读图的阶段，Fig.1 是常见的表达分析。

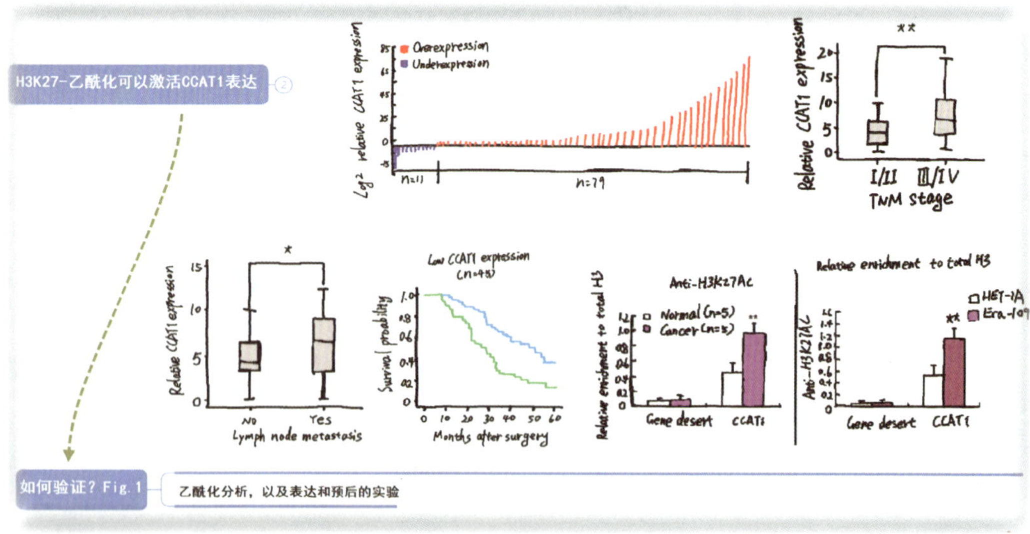

Fig.2 就是明显的增殖表型实验。

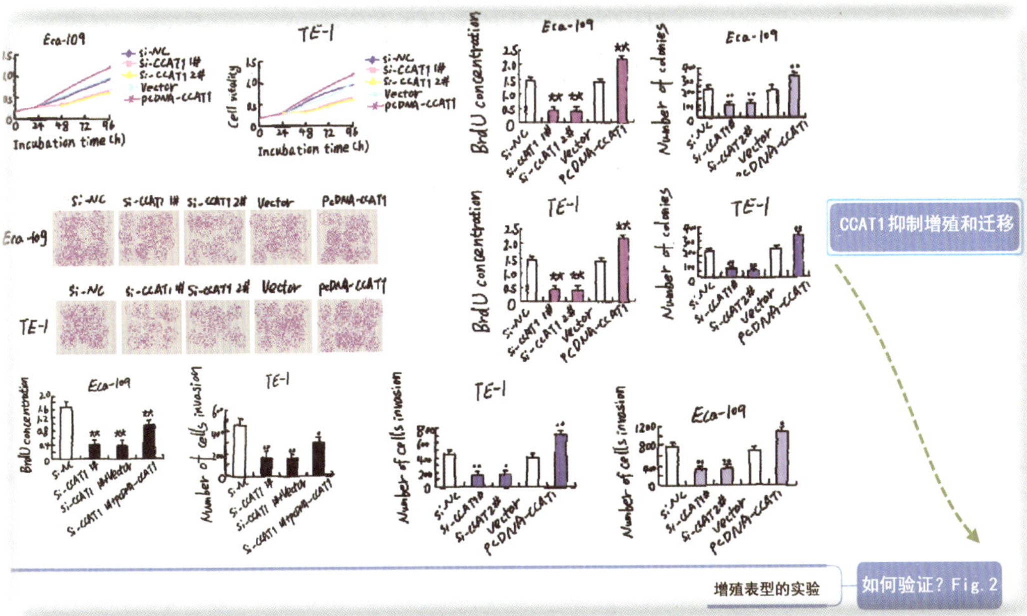

Fig.3 验证了迁移侵袭的表型。

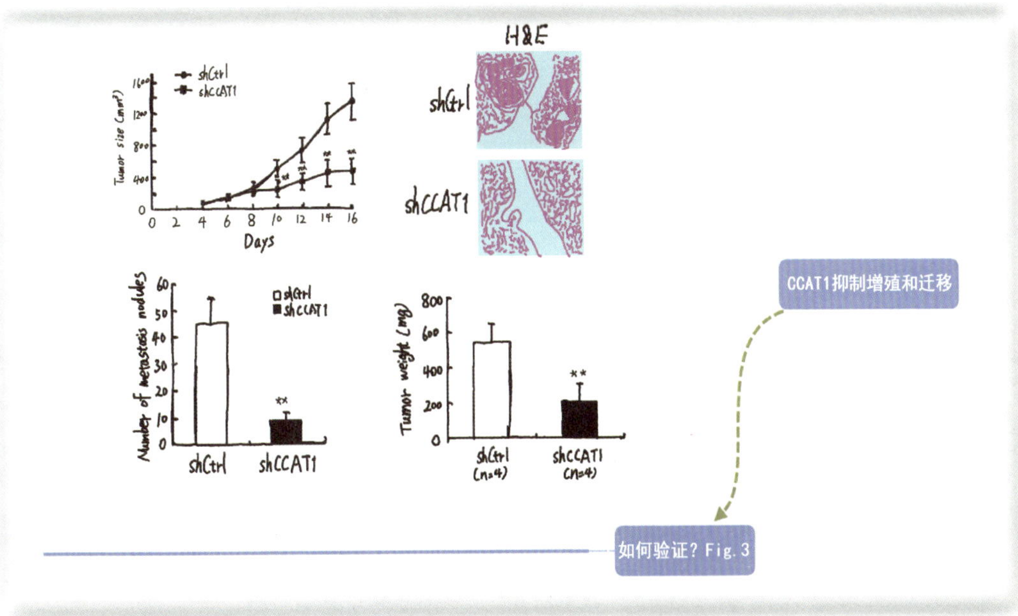

Fig.4 分析验证了 lncRNA 下游基因的测序结果，做了个简单的热图和 GO 分析。

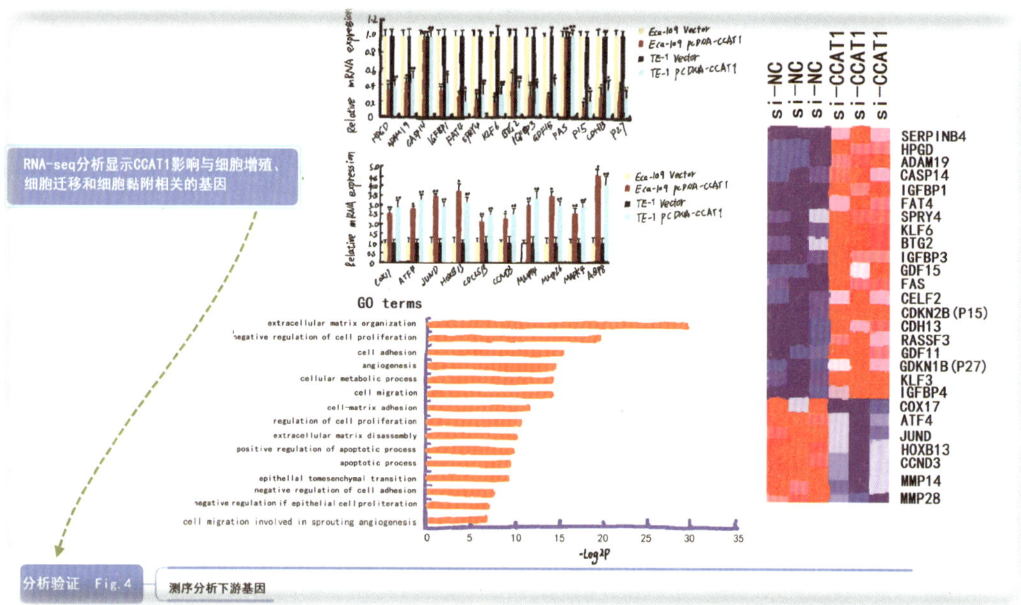

Fig.5 简单验证了 RNA 和蛋白的关系，用的是类似 RNA-ChIP 或者 RNA-pulldown 的技术。

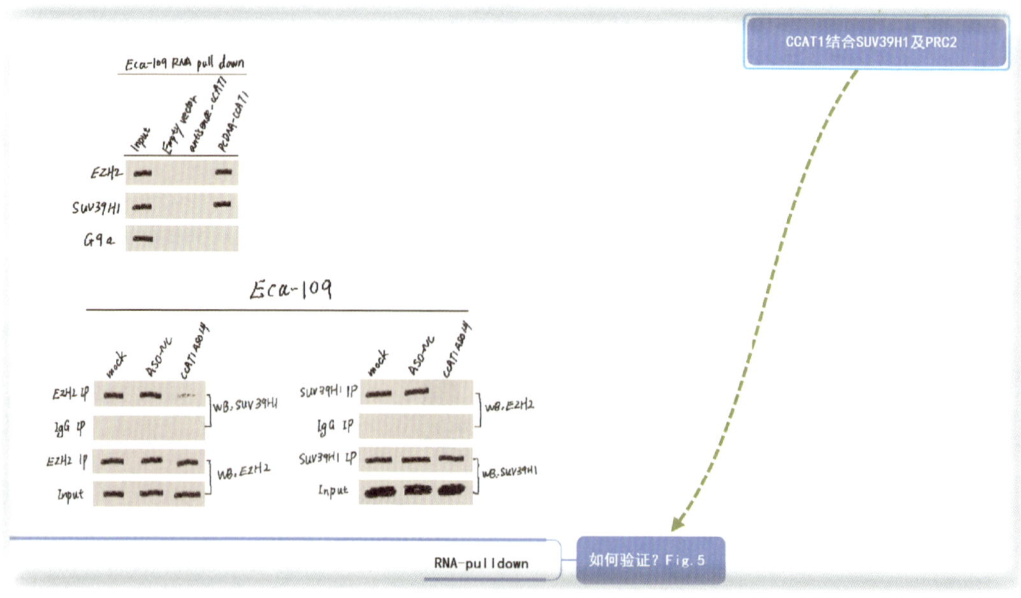

Fig.6 用基因表达验证了 lncRNA 对下游基因的转录激活。

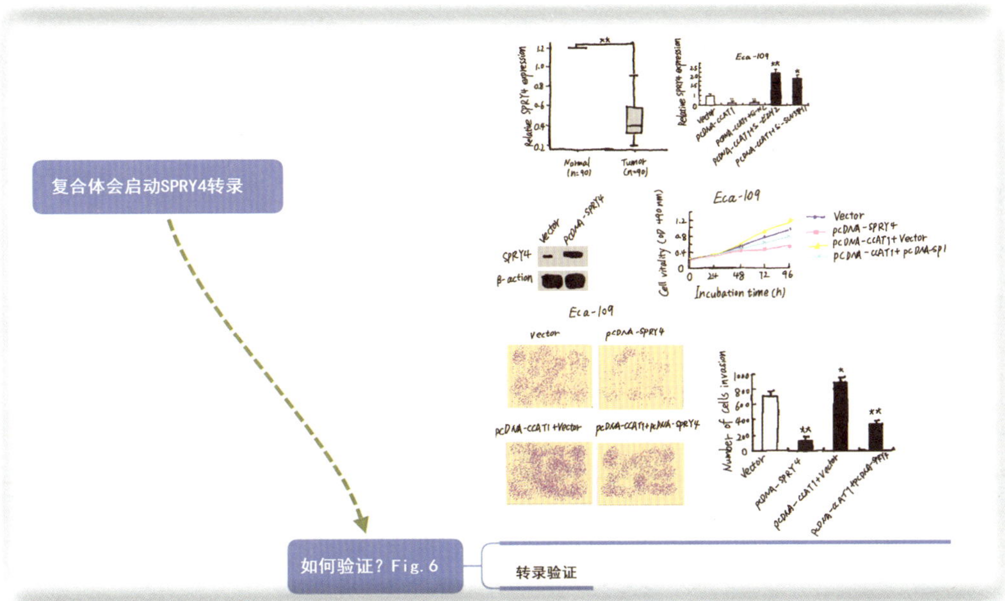

Fig.7 是个简单的 miRNA 转录调控相关验证，就是我们提到过的 Luciferase 的验证，可以看到那种柱状图。

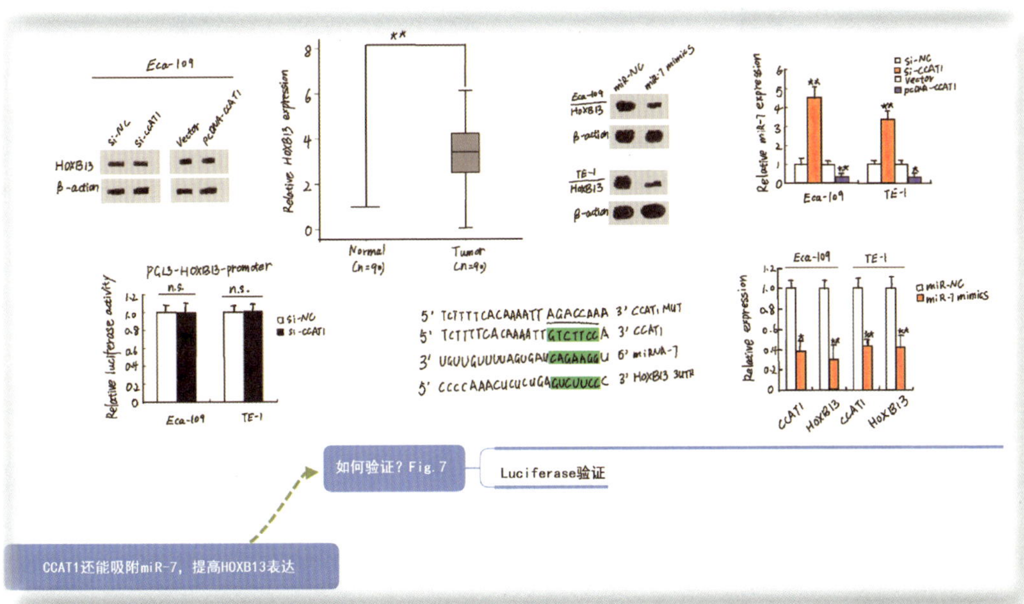

最后整个图就变成了这样。

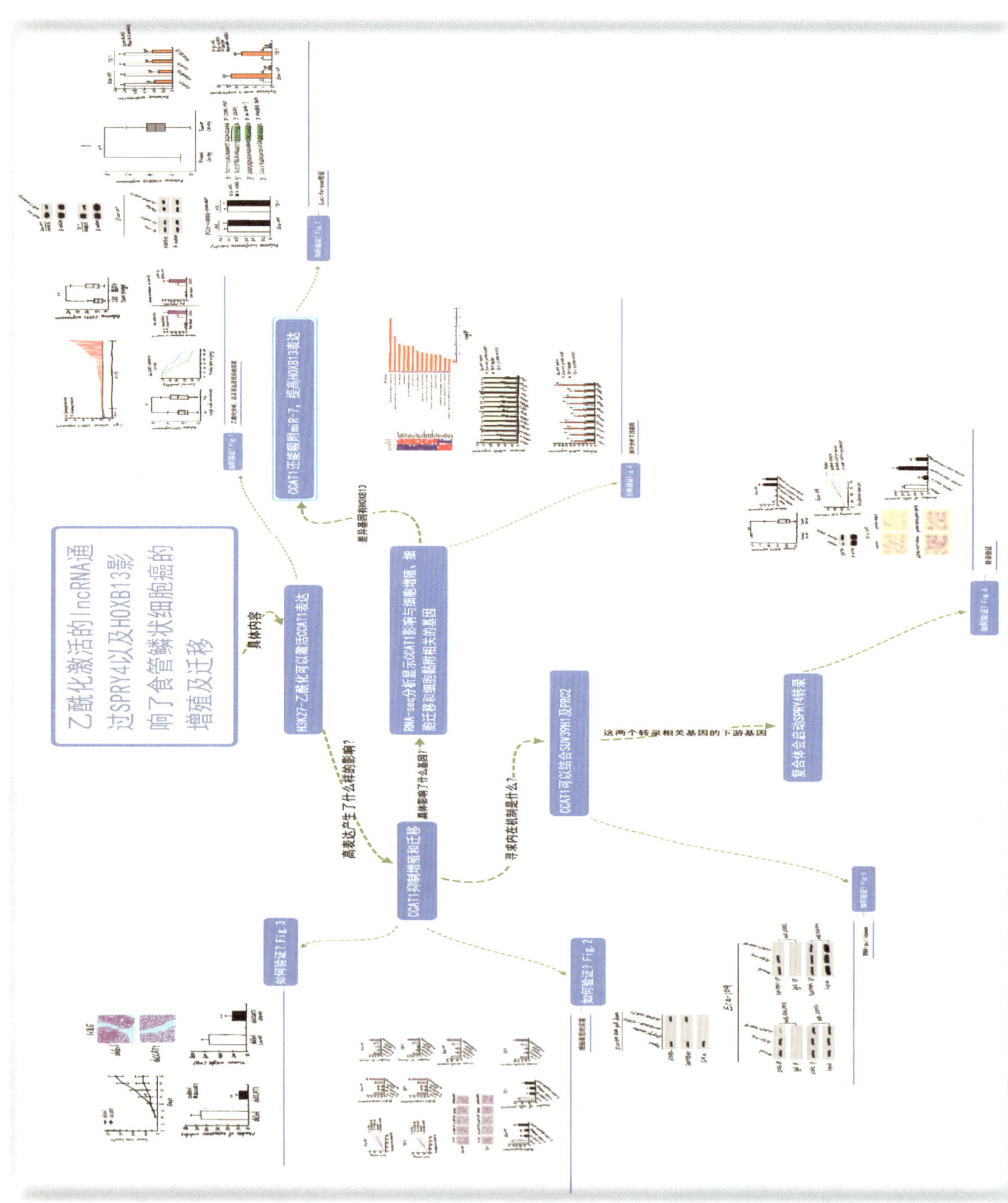

我们用向外逐步辐射的办法，把整篇文章摊开，然后，我们需要对速读完的整篇文章有一个总结。

好吧，我们总结一下：

这篇文章研究的是一个被 H3K27 乙酰化激活的 lncRNA——CCAT1 基因，通过与两个转录相关蛋白（SUV39H1 及 PRC2）相互结合，形成复合体，激活下游的 SPRY4 的转录。并且 CCAT1 通过结合 miR-7 促进了 HOXB13 的蛋白表达。然后通过这些机制促进了肿瘤的侵袭转移及增殖。

是不是觉得就相当于对这篇脑图的各个逻辑节点的一个重新的整理呢？事实也是这样的。

夏老师：通过这样的速读，你会获得整篇文章的信息，但这样整理后，你也更容易看到文章逻辑的漏洞。比如，为啥要研究 CCAT1 和 SUV39H1 及 PRC2 的相互作用啊？解释得有点牵强吧？为什么单单调控了下游两个基因，就能造成增殖、迁移、侵袭的表型呢？明明敲减后测序结果说明下游有很多基因受到影响了啊！

能提出这些问题，证明你确实了解了整篇文章，并且有了自己的看法。哦，啥？我用的什么软件做的这个脑图是吧，我用的是 Xmind，它的免费功能就够用了。不行的话用 Windows 的画图板也是一样的。

哦，对了！为什么会漏掉这么多目录编号呢？这个原因还没跟你们解释，这和文献速读有什么关系呢？目录的编号其实暗示了一个人名，这个名字就是揭开这本书“彩蛋”的密码，“彩蛋”内容包含本书中的一些工具和网址。

看文献到底有什么用？（贰）

这次开始，又要重新来开一个新的“低端”系列了，就是：看文献到底有什么用？

绝大多数人觉得，看文献的最主要目的就是——明天就要开组会了，轮到我讲文献。

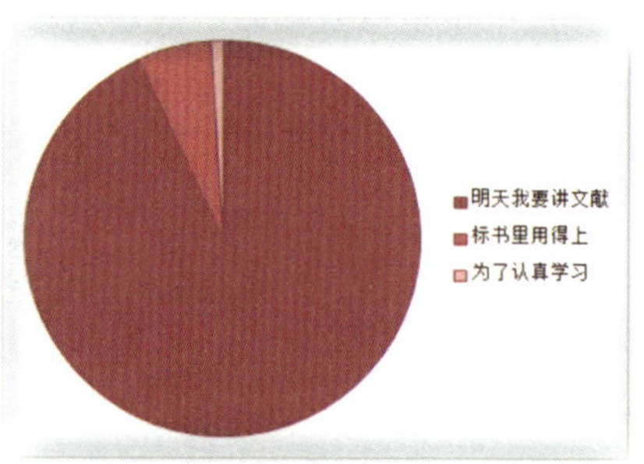

好吧，抛开这样的目的，我们干吗还要去读文献呢？这是个好问题，我们就先来讲讲，看文献能获得的第一项技能：解决你迫在眉睫的科研思路。

既然是迫在眉睫，肯定是需要快速获得数据，并且无论高低分，最好能让人家杂志接收。那看文献，基本上就能在你毫无头绪的时候给你提示了。

今天给你们看的是一篇分数不高的文献，这是一款不用做很多实验就有结果的文献。在这里，我们要看的就是整篇文献的思路，然后把这个思路移植到我们可用的课题上。

Biomedicine & Pharmacotherapy 87(2017)20-26

Transcriptome analysis of EGFR tyrosine kinase inhibitors resistace associated long noncoding RNA in non-small cell lung cancer

那要怎么样来分析这种文献的思路呢？首先给文献中的各个节点加上批注，这个大家应该都会吧。

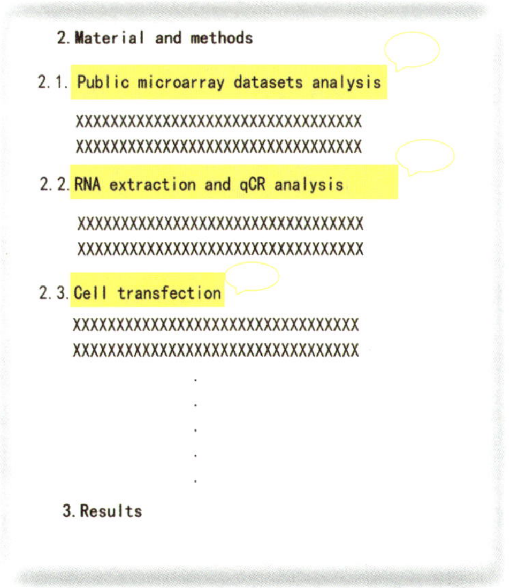

接着，导入 Docear 里面。

展开后，整个文献的各个节点关系是这样的。

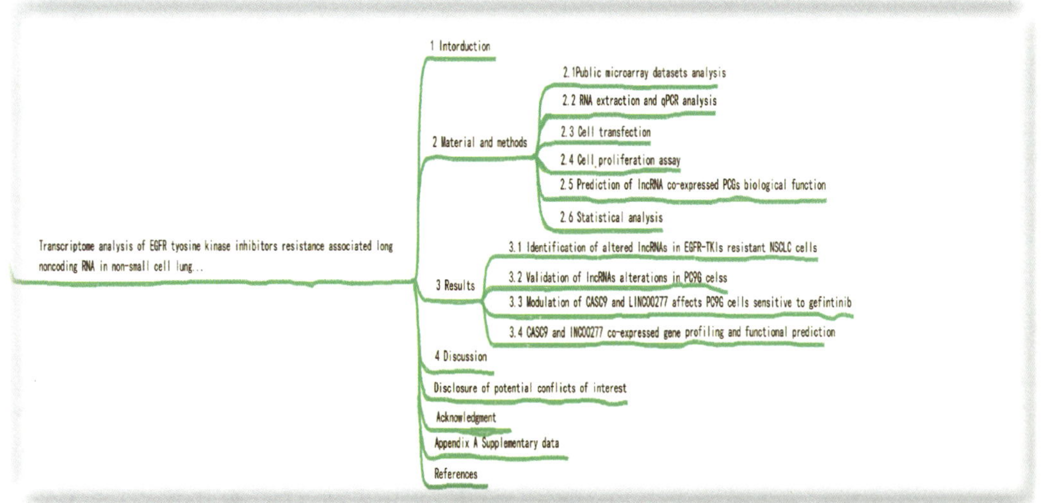

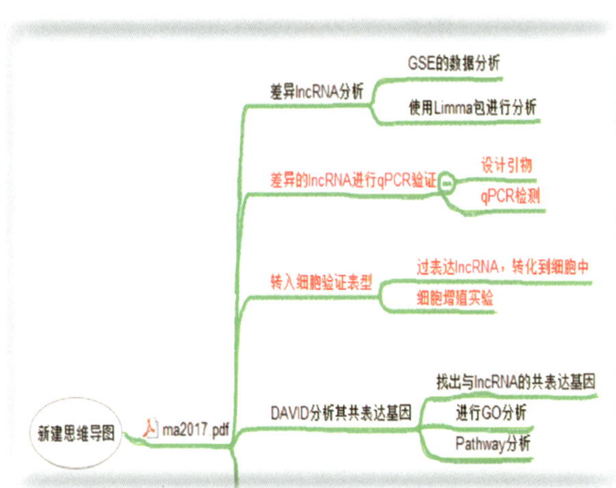

为了更清晰地了解这篇文献到底是咋做的，我对于整篇文献的 Methods 进行了进一步的中文批注。可以看到，整篇文献没有特别复杂的论证。思路很明确，从公共的数据库中获得差异表达的 lncRNA 后，进行 qPCR 验证并确认。然后用过表达或者敲减来进行细胞验证，最后进行一下 GO 分析和 Pathway 分析，全文完。

有人说自己不会 R 语言，limma 啥的，这简单，用之前讲过的这个就行了，不光可以用 limma 包，还有 EdgeR、ANOVA 之类的也行。当然，这个不行的话，其实 GEO2R 用的应该是 t-Test 方法，也照样能知道。为啥用 GEO2R 这么简单的工具都可以？因为后面还要用 qPCR 验证来进一步筛选，所以预测粗糙点也并没有什么大碍。

Statistics
Limma
EdgeR
VOOM
t-Test
ANOVA
DESeq
Clustering
Meta-analysis
Normalization

实际做的实验，其实就是红色的部分，最多也就一个月的工作量，当然，这篇文章也就 2.3 分。

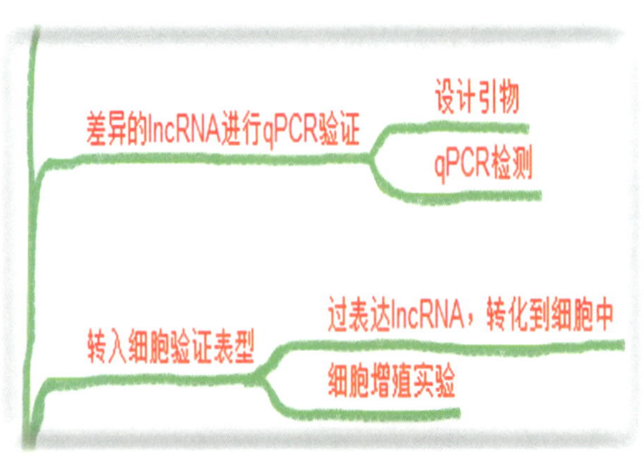

夏老师：将这样的思路移植到你自己的课题上，就会变化出各种类似的课题了。但是，用这样类似的思路发出来的文章，也就会在 2 ~ 3 分之间徘徊了。好了，大家也可以自己去用力挖掘一下试试看。

看文献到底有什么用？（叁）

看文献到底有什么用呢？这个“低端”系列，估计暂时是没法动摇比较高阶层的人对于科研的信仰了。因为这次要讲的比上次的更“低端”一些，你们一定要扛得住啊……

看文献能学到点啥？因为每个人的需求不一样，所以获得的东西也不一样。思路是一方面，另一方面，其实就是实实在在的需求。这种需求跟吃饭睡觉一样，就是科研需求，但是有很多人，即使有这种迫在眉睫的需求，仍然战胜不了“不会做实验”这个事实。

那就给你们送一个真福利，如何搜索一篇不用做实验的文章？这个吧，其实一般人我也不会说，市面上其实有很多文献是不做实验的，而且，说实话分都不高。需要你有搜索文献的能力，然后看看自己是不是能移植这样的方法。

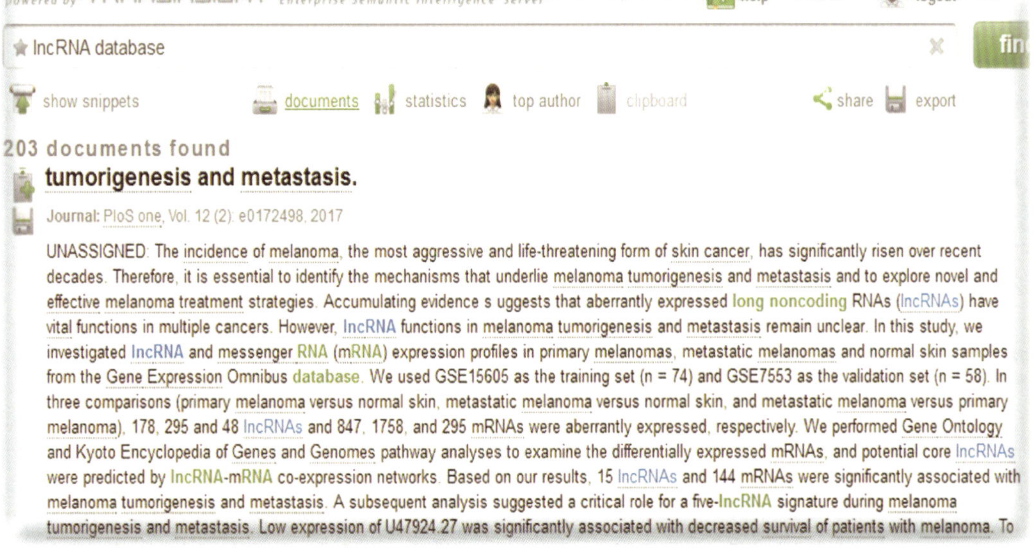

首先，我们来搜一篇，其实一般这样的文献，其 Abstract 里都会带有“database”这样的关键词。按照这个来搜一个试试看，我们就锁定了这篇。

PLOS | ONE

RESEARCH ARTICLE

Characterization of long noncoding RNA and messenger RNA signatures in melanoma tumorigenesis and metastasis

这篇是发在 *PLOS ONE* 上的，我扫了一眼，确实，没有做实验，但人家是 Research Article。

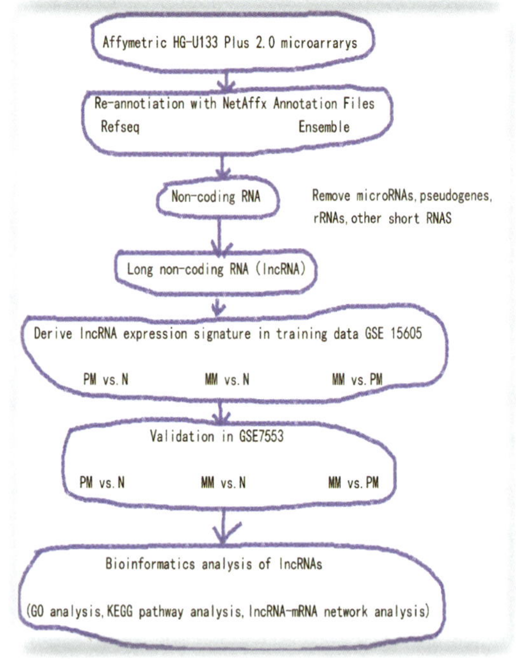

文章里自己写了一下整篇文章的流程，首先他从 GEO 上下载了几个芯片，用重注释的方法，把这些普通芯片变成了 lncRNA 芯片，其实是个 Excel 就能解决的事。然后，在芯片 A 中进行了分析，他把这个叫训练。然后把获得的结果在芯片 B 中进行了验证，再对总的结果进行了 GO 分析、KEGG 分析和 lncRNA-mRNA 网络分析，本篇完。其实里面所有的步骤，我们也都讲过。勤奋的孩子，不做实验也能发 *PLOS ONE*。

相信有好多人会鄙视这样的文章，会说“这种‘低端’的东西，有啥意思”，或者“打心眼里瞧不起这种文章”。其实并不用特别鄙视这样的文章，人家用的是一种思路，通过这种思路对别人的数据进行了进一步挖掘整理，这也是一种科研，也是有意义的。

看文献到底有什么用？（伍）

这次还是继续讲看文献有什么用。之前我们讲了，在文献中，我们可以获得很多套路。当然，这些套路都不是用来发高分文章的。

今天要讲的是，在一篇文献里，我们还能看到点什么样的实验设计。就拿这篇来开刀哈：

> TNF-α stimulates endothelial palmitic acid transcytosis and promotes insulin resistance

这篇讲的是 TNF-α 刺激了内皮中棕榈酸的胞吞作用来促进胰岛素抵抗。这时可能会有很多问题顿时映入你的脑花，呃，是脑海。就是为啥要做棕榈酸，为啥是胞吞，为啥又和胰岛素有关。

这些其实在 Introduction 里面都有介绍，有兴趣的自己去看看。一般来说棕榈酸这种脂肪酸会结合在蛋白上，然后少量穿过血管内皮……好了，不赘述了。毕竟如果不做心肌细胞什么的话，可能确实聊不下去了……我们就只是拆解一下这篇文献吧。用解构主义的思路来拆解文献的大概框架。

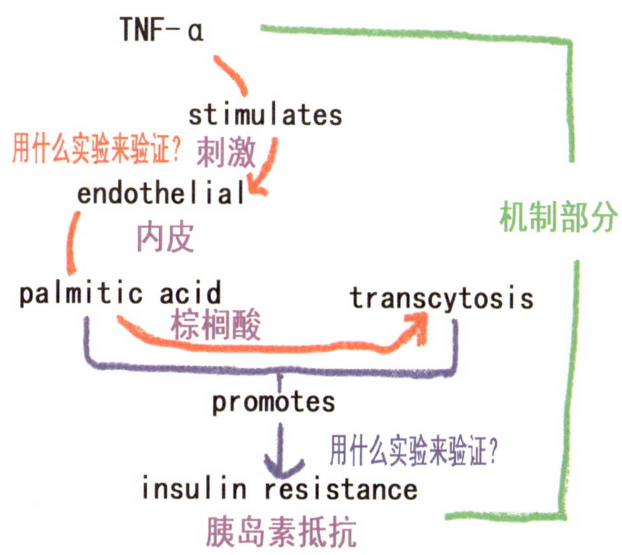

我们把标题拆一下，就可以发现，大致隐含三大块。一块是内皮细胞对于棕榈酸的胞吞及其验证，第二块是胰岛素抵抗的验证，第三块在标题里并没有体现，但实际上就是一、二这两块所含的机制作用。

于是问题来了，要怎样证明棕榈酸在内皮细胞的胞吞作用呢？这里作者设计了一个模型。

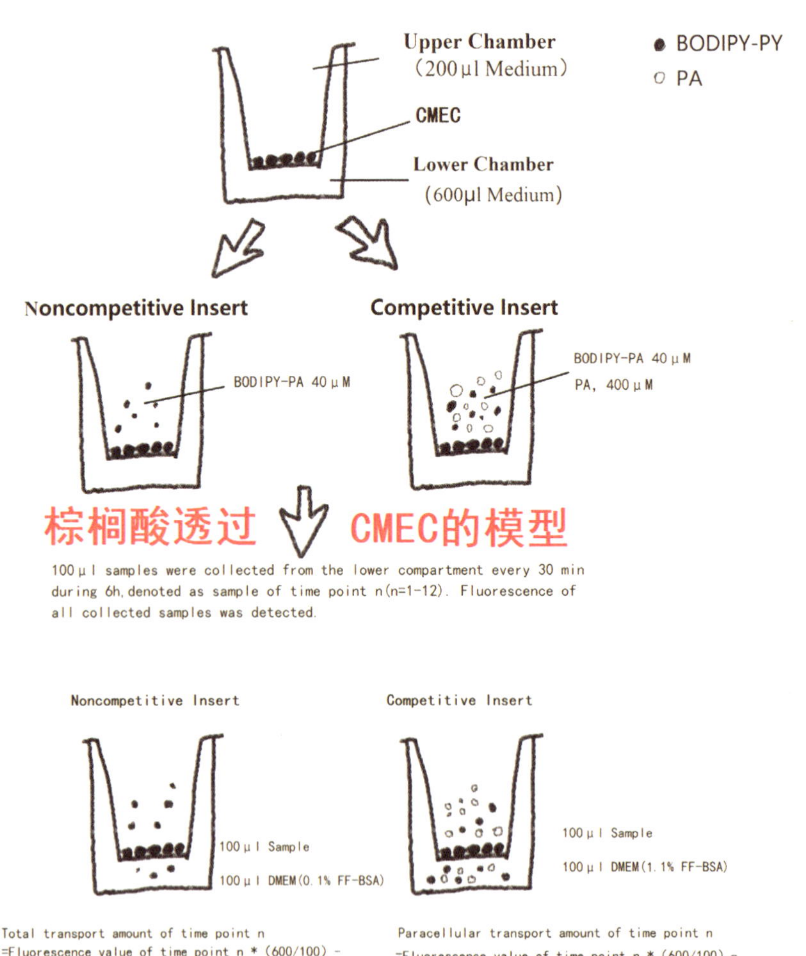

这个模型是在做 TransWell 的小室中培养一层心肌血管表皮细胞，然后在上室中加入带有荧光标记的棕榈酸，由于先要通过胞吞到内皮细胞中，然后才会被释放到下室中。所以检测棕榈酸透过这层内皮细胞的量，就可以知道大概胞吞的量了。好吧，这个模型他们设计得不错。读文献的你，可能会找到你想要的内容。

那胰岛素抵抗怎么测？因为胰岛素结合受体后会刺激细胞对于葡萄糖的摄取和利用，那么用带有荧光的葡萄糖（2NBDG）就可以检测胰岛素的作用影响了。

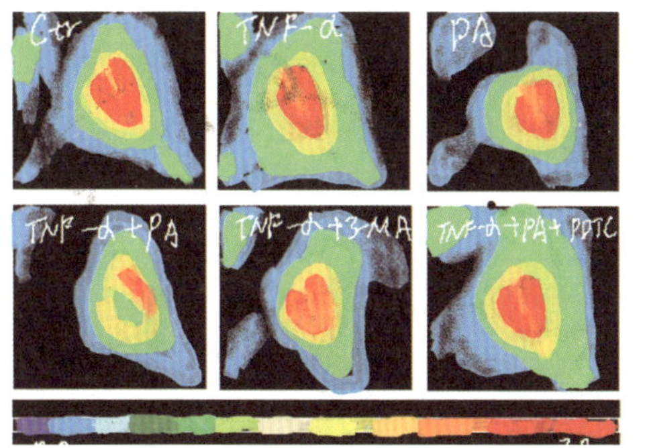

2NBDG实验验证影响了葡萄糖摄取

机制方面，他们就测了一下自噬的抑制剂以及自噬相关基因敲减后产生的影响。

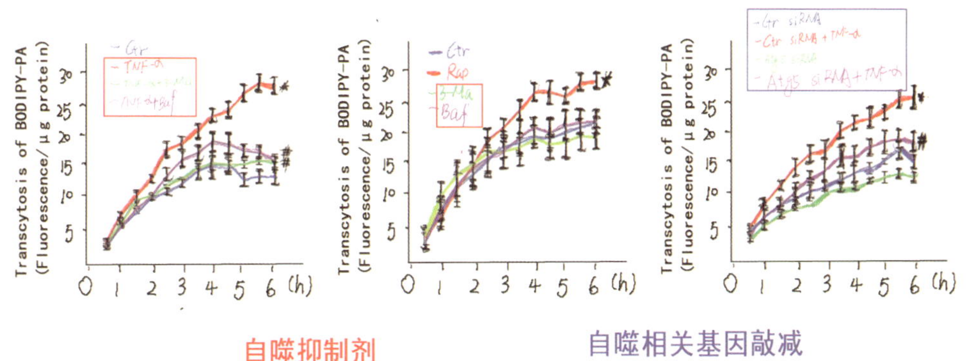

自噬抑制剂

自噬相关基因敲减

和 NF-κB 相关的反义链抑制后的影响。

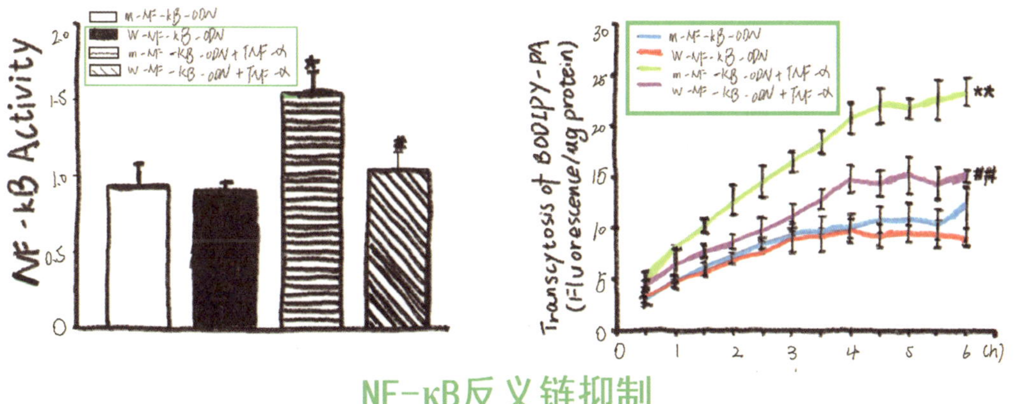

NF-κB反义链抑制

所有自噬和 NF-κB 相关基因的验证，以及葡萄糖转运相关基因的验证（这里我就不多说了）。

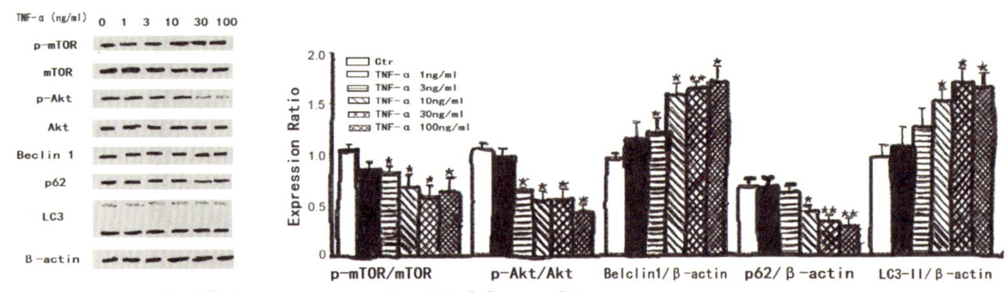

自噬和NF-κB相关基因验证

好了，大家应该能看到，整篇文献中，其实我觉得比较有意思的，应该就是胞吞模型以及胰岛素抵抗实验的设计。这就是需要在文献中获得的内容了。

夏老师：今天就先讲这么多吧，既然在文献中可以获得那么多 Methods，那是不是能直接调出这些 Methods 来看呢？我表示我懒得看文献。表示可以啊，就像这样：

Autophapy

Search Results for Autophagy

Total Results Too many to count

length messurement of eggs, 11,141larvae and adults
have shorter body lengths and increased **autophagy**
Mrck, Catarina, Pilon, Marc;
2006

yeast strains and plasmids -**autophagy** counterbalances endoplasmic reticulum expansion
autophagy countbalances endoplasmic reticulum
Bernales,Sebastin; McDonald Kent L; Walter, Peter.

generation of double mutants-C.elegans feeding defective mutants have shorter body
have shorter body lengths and increased **autophagy**
Mrck,Catarina; Pilon, Marc;
2006

有机会再说吧。

看文献到底有什么用？（柒）

文献中会有很多的 Methods，就看你能不能搜集整理和应用，我之前也讲过了，不过我相信你们不会认真看的。

比如，我们看到这样一篇文献：

> Molecular Cell
>
> Pacer Mediates the Function of Class III P13K and HOPS Complexes in Autophagosome Maturation by Engaging Stx 17

它的 Methods 部分：

> STAR METHODS
>
> Detailed methods are provided in the online version of this paper and include the following:
>
> KEY RESOURCES TABLE
> CONTACT FOR REAGENT AND RESOURCE SHARING
> EXPERIMENTAL MODEL AND SUBJECT DETAILS
> RFP labeled S. typhimurium construction and culture
> Cell culture
> Stable cell lines construction
> MeTHOD DETAILS
> Immunoprecipitation and western blot
> Immunofluorescence
> Fractionation by differential centrifugation
> Insect cell recombinant protein purification
> Tandem affinity purification and mass spectrometry
> Autophagy analysis
> P13KC3 (hVps34) kinase assay
> Bacterial infection assay
> Nile red staining
> Protein Aggregate Clearance Assay
> QUANTIFICATION AND STATISTICAL ANALYSIS

可能看一眼你就会明白，类似的文章需要做哪些努力，然后就准备洗洗睡了。实际上并不是这样，看到这些 Methods，也会给你一定的提示，比如，最近这方面的研究到底流行哪些检测，有没有什么比较新颖的试剂盒可以用得上，等等。

但看了这么多，大家最着急的应该是，如何才能快速获得文献中的 Methods，这样甚至连文献都可以不看了。

办法肯定是有的，而且不止一种。有个简单的搜索引擎，大概是这样的：

biochemistry

Search　Advanced Search

直接输入你想要搜索的 Methods 的方向就可以了。于是我搜了一个 autophagy（自噬），我想看看有些什么相关的 Methods。

Loading.......

Searching through 1,000,000+ methods and questions

于是网站让我等等，它正在搜，在 100 万篇 Methods 里搜。然后我等了一下……

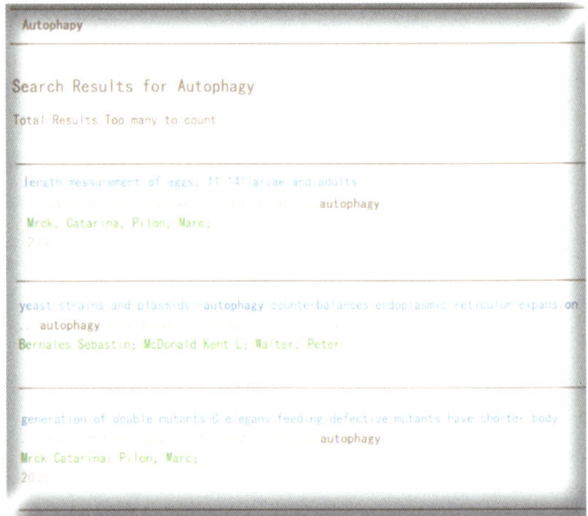

出结果了，这些就是和 autophagy 相关的文献里的 Methods。当然，即使你知道了，对你而言，这也不一定全部有用，因为很多是标题中有 autophagy，于是默认为与 autophagy 相关的 Methods。但实际可能只是 qPCR 或者 Western，或者文章中的细胞培养，需要你们认真地进一步筛选。

Scientific Method

Analysis of Autophagy

Originally Published: N/A By Hoshino, Masataka et al

Steps　References　Share via Email　Bookmark

Some letters such as μ may not appear properly below

1. 24 h after transfection of pEGFP-LC3. Hela cells were treated with 10g/ml AMA and observed by fluorescence microscopy

2. To further analyze the relationship between LC3-positive phagosomes and AMA-induced vacuoles. Autophagy was induced by 200ng/l rapamycin for 2ng/l rapamycin for 2 h (sigma-Aldrich; for review see)

3. LC3-positive and -negative vacuoles were counted in the presence or absence of AMA

4. HeLa cells were transfected with pEGFP-LC3 by SuperFect (QIAGEN), collected 36 h after transfection, and subjectedto Western blot analysis

比如，我选了一个 GFP 标定 LC3 表达的 Methods，这个是和 autophagy 关系比较密切的了。

看到 Reference（引用）里会显示该文献的出处。是不是还挺好用的呢？

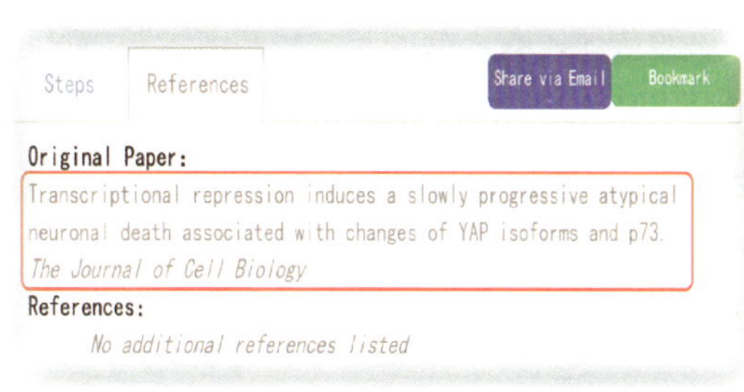

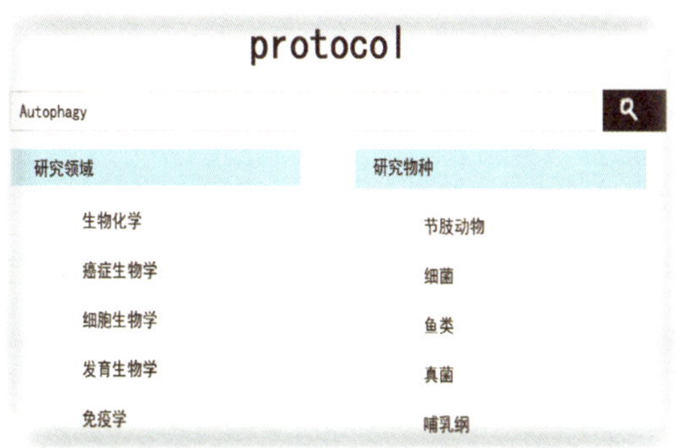

其实还有这个搜索引擎，不过，这个也不是能搜索所有文献的，只能搜索 protocol（实验方法）相关的文献。但优点是，估计你都能看懂。

输入 autophagy 后，你就能看到这样的 Methods 了，简单粗暴。

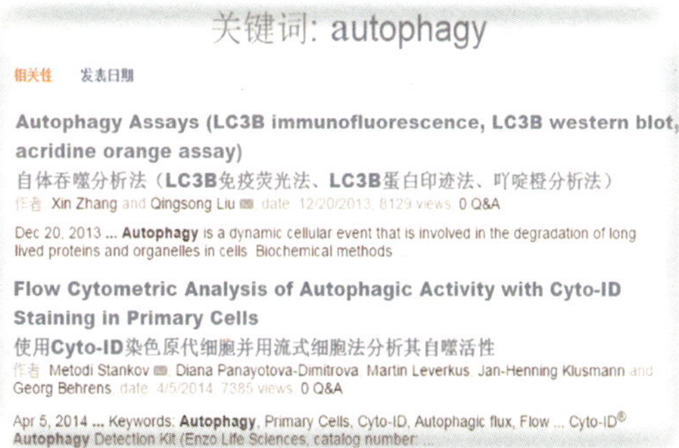

Autophagy Assays (LC3B immunofluorescence, LC3B western blot, acridine orange assay)
自体吞噬分析法（LC3B免疫荧光法、LC3B蛋白印迹法、吖啶橙分析法）

细胞生物学 > 细胞成像 > 荧光
细胞生物学 > 细胞信号传导 > 自体吞噬
生物化学 > 蛋白质 > 免疫检测 > 免疫印迹法(WB)
哺乳纲 > 人 > 细胞系 > 蛋白质
作者: Xin Zhang and Qingsong Liu
Vol 3, Iss 24, 2013/12/20, 8127 views, 0 Q&A
DOI: https://doi.org/10.21769/BioProtoc.1012

[Abstract] Autophagy is a dynamic cellular event that is involved in the degradation of long lived proteins and organelles in cells. Biochemical methods such as western blot to measure autophagic proteins have been increasingly used in autophagy studies because it is convenient and objective. Among them, the total amount of Microtubule-associated protein light chain 3 (LC3), the mammalian homologue of the autophagy-related Atg8 in yeast, is a very useful and most commonly used tool in autophagy studies. Other methods such as electron microscopy and immunofluorescence are also available to measure autophagy. The following protocol describes three simple and commonly used protocols for measuring autophagy in cells: LC3B immunofluorescence, western blot and acridine orange assay. Although these three methods are frequently used to provide basic information about autophagy, people should keep in mind that they are not enough to give the exact details about the autophagy flux due to the complexity of this dynamic process. In addition, acridine orange assay is only a supplementary method to detect autophagy because it also has high affinity to other organelles such as lysosomes. For further investigation about a compound's effect on autophagy flux, additional and more complicated assays are recommended. Protocols here provide a starting point for people to get a snapshot of whether a compound can affect autophagy in tissue culture cells.
Keywords: Autophagy(自噬), LC3(LC3), Acridine orange(吖啶橙), Immunofluorescence(免疫荧光), Western blot(Western blot)

Materials and Reagents

1. 70% ethanol
2. DMEM or other medium for tissue-culture cells
3. Bovine Serum Albumin (BSA) (Sigma-Aldrich)

点进去，就是文献的来源以及摘要，关键还有步骤，省了好多时间。

夏老师：有人会问了，我知道这些 Methods 干吗？我又不一定用得着。首先，这些文献中的 Methods，可以让你了解与你的课题相关的文献，经常需要做的是哪些实验，用到哪些生物标记，用了哪些手段来验证。这比一步步搜索文献并进行总结来得快得多。高分的文章所采用的实验个性化较强，所以重在实验设计。低分的文章采用的实验较为普遍，就可以作为你在课题上需要熟练掌握的实验基础。好了，这次就先说到这里吧。

看文献到底有什么用？（拾壹）

你们也知道，下载个把文献实际上并不难。难的是下载全部的文献，特别是有 supplemental（补充）资料的东西，像是 supplemental figure（补充图片）之类的：

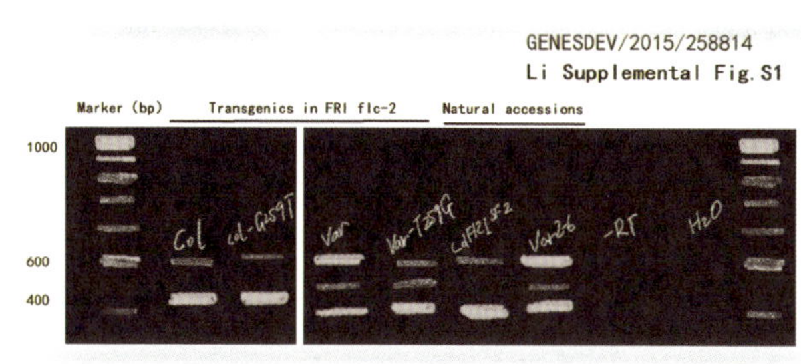

也有好多同学来问：哇，夏老师啊，到底怎样才能下载这些补充的资料啊，真的对我很有用啊。

夏老师觉得这种事情吧，对你们有用，那与我何干？只能随便给你们几个，首先是这个 DRRYAD：

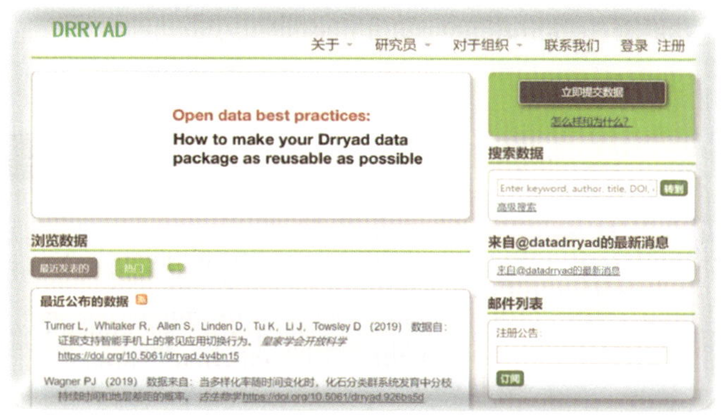

这个上面会有人上传大量的文献的补充数据，也可以看到对应的文献。但是这个上面能搜到的资源很有限。

搜索字词

lncRNA 走

高级搜索

结果/页 100 按项目排序 关联 为了 降

现在显示项目1-9的9 1

Dryad数据包（9） Dryad数据文件（0）

Campbell LJ，Hammond SA，Price SJ，Sharma MD，Garner TWJ，Birol I，Helbing CC，Wilfert L，Griffiths AGF（2018）数据来自：野生动物转录组学的一种新方法提供了疾病介导的差异表达和变化的证据两栖动物种群的微生物群。*分子生态学* https://doi.org/10.5061/dryad.q4g75

Fitak RR，Schweikert LE，Wheeler BR，Ernst DA，Lohmann KJ，Johnsen S（2018）数据来自：暴露于磁脉冲后虹鳟视网膜中几乎没有差异基因表达：对磁感应的影响。*生物学字母* https://doi.org/10.5061/dryad.24732

Li J，Harata-Lee Y，Denton MD，Feng Q，Rathjen JR，Qu Z，Adelson DL（2017）数据来自：长读取参考无基因组重建黄芪全长转录组揭示了涉及生物活性的转录变体复合生物合成。*Cell Discovery* https://doi.org/10.5061/dryad.4sf85

为啥呢，因为在这里上传数据的，每份 120 美元，超过规定大小的还得加钱，所以并没有特别多的人会把自己的补充资料上传到这里。

下一个是 figshe：

这里能搜到的补充数据就比 DRRYAD 里多很多了，同样，也是与文献相互绑定的。可以直接查询你想要的文献是不是把数据上传到这里过。

所谓的数据包括 Figure，Excel 文件，测序数据等，种类就多出了很多。

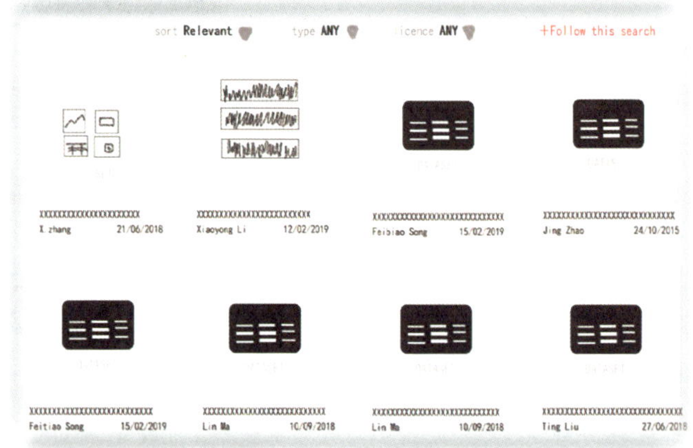

最后这个，是 Zeonde，嗯，这里也会有人上传补充数据，但有的数据并不一定与文献相互绑定，文献大多数也是 OA（开放存取）文献。还有一些软件的开放性资源会挂在上面。

优点是左边栏可以通过筛选对这些数据进行一个分类整理。

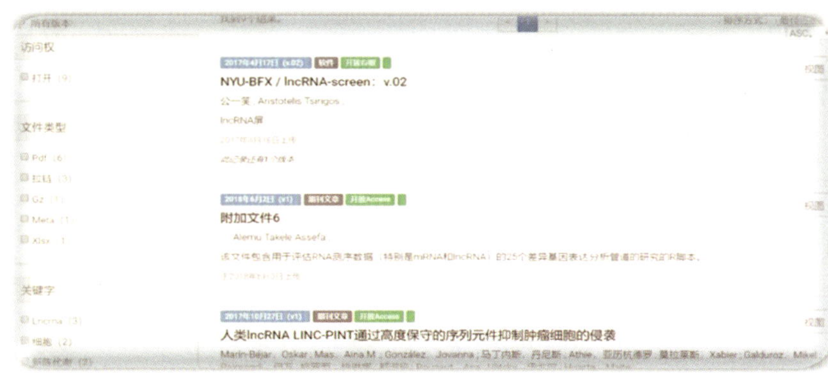

说了这么多，真的能下载所有文献的补充数据吗？当然不能，这些只能给你作为参考，即使是 figshe 里，数据也并不是那么全面。

看文献到底有什么用？（拾叁）

大家在放假的日子，应该轻轻松松地窝在家里，然后……掏出一篇文献来看……这是摆脱七大姑八大姨各种春节逼问的好办法呢！

但夏老师知道，你们看文献，最多也就是这样：

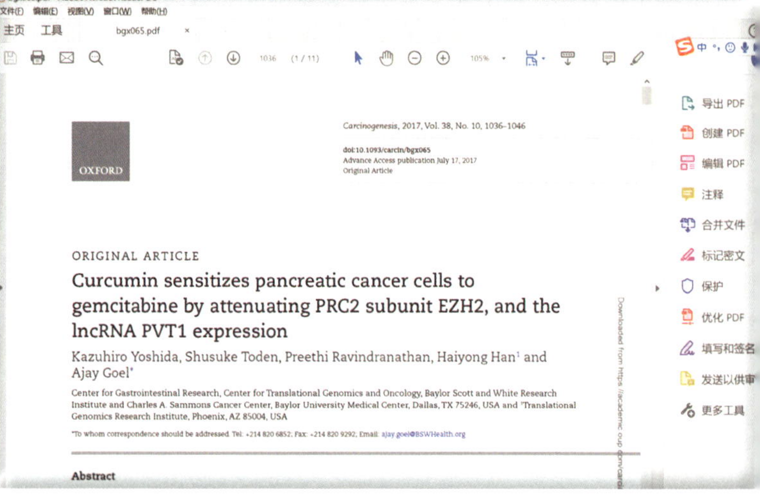

没错，差不多要么 Adobe 啊，要么什么福昕啊（个人感觉还不如 Adobe）。还能有什么？这种阅读器吧，根本不适合看文献。

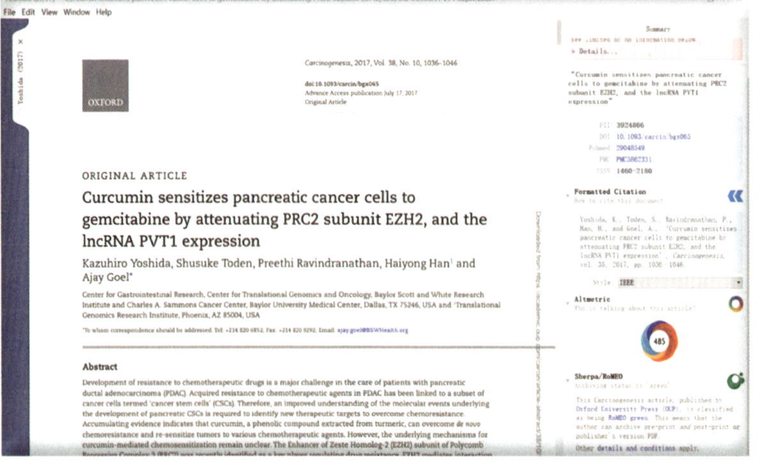

给你们看看夏老师是怎样看文献的，没错，是这样的界面。

是不是跟你的pdf阅读器完全不一样？当然不一样。看看右边栏，我的阅读器可以直接显示文献信息，不同杂志引用格式。

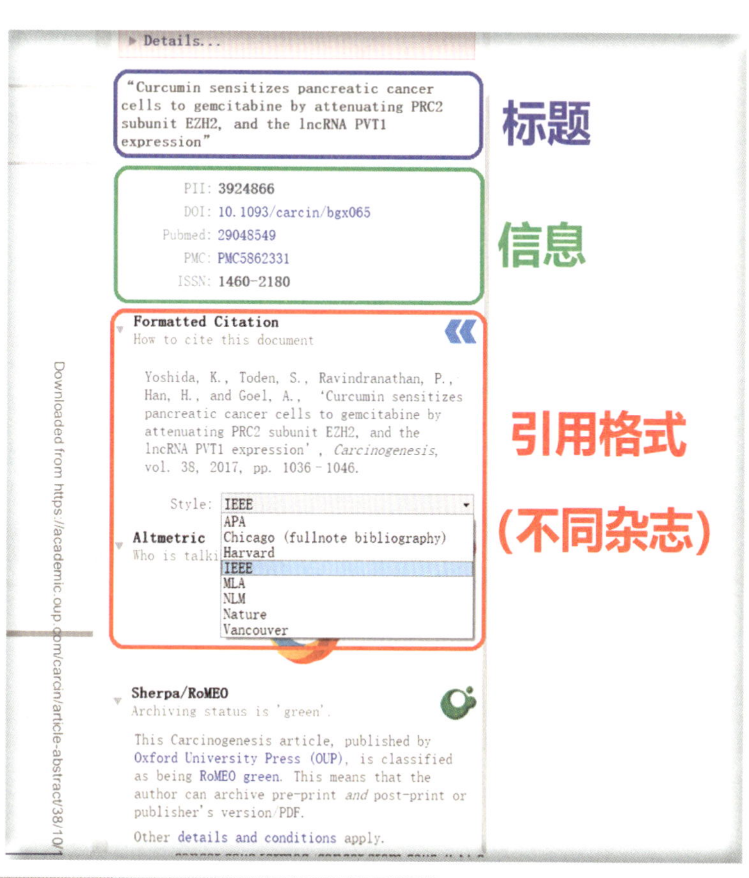

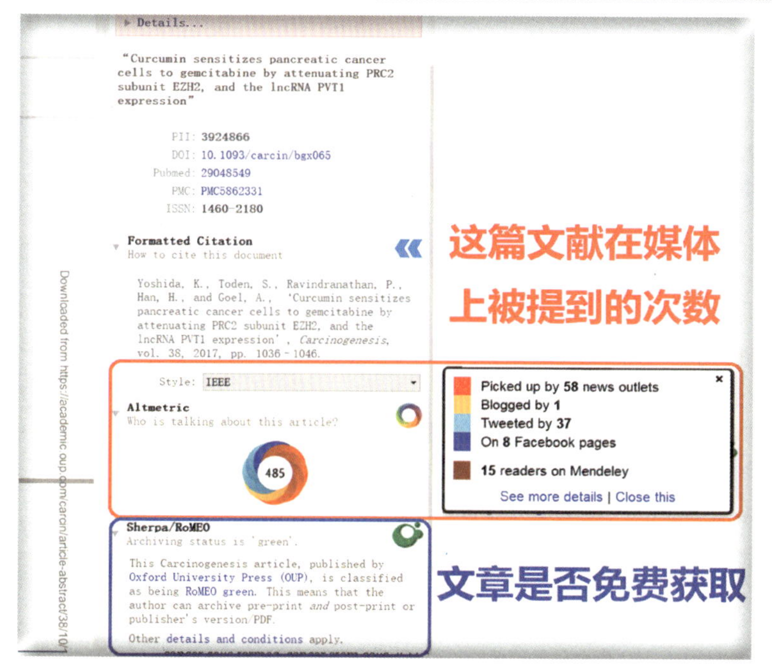

甚至是这篇文献在各个博客、新闻网站以及推特上的热度。

当然文章是不是能免费获取并没有什么用，因为你反正都已经下载了……

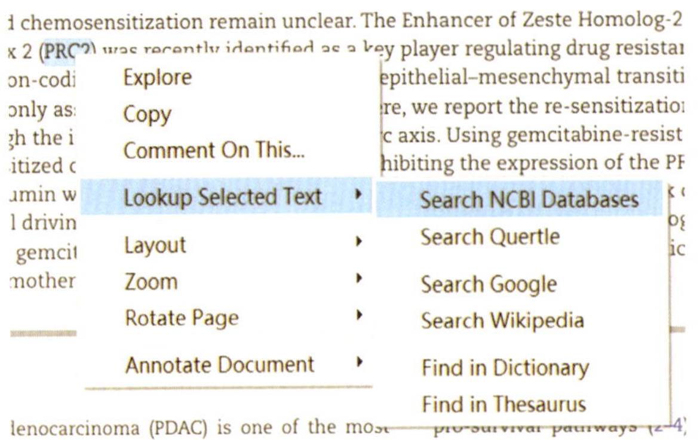

实际上还不只这么简单，比如你在文献中看到一个词或者一个基因，觉得不是很懂，那就选上这个词，点击右键。

是不是很神奇，可以直接查询NCBI或者Quertle，甚至还有词典。

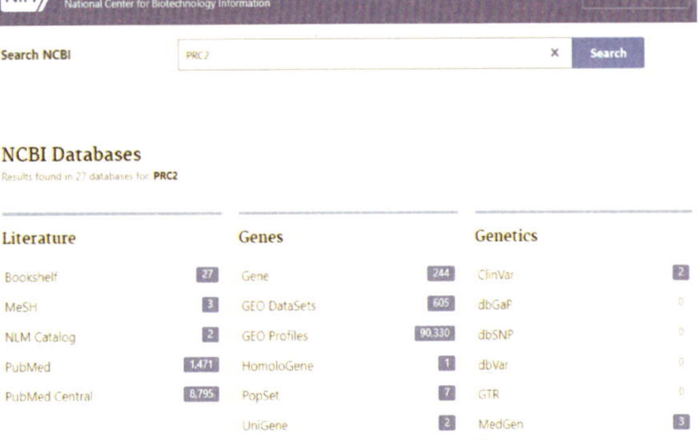

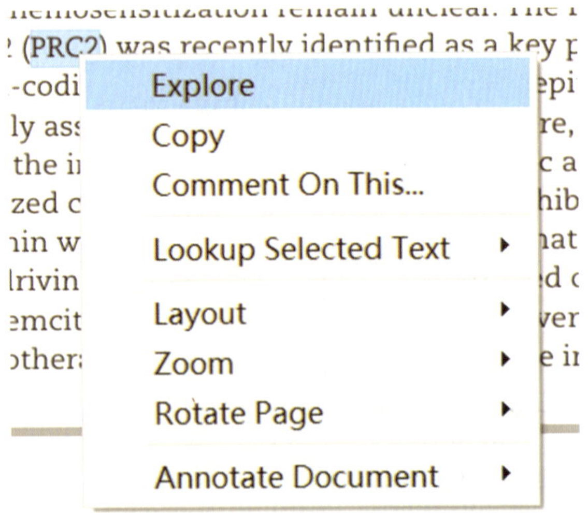

或者还能直接Explore。

点击后，右侧会直接显示相关的 PubMed 文献：

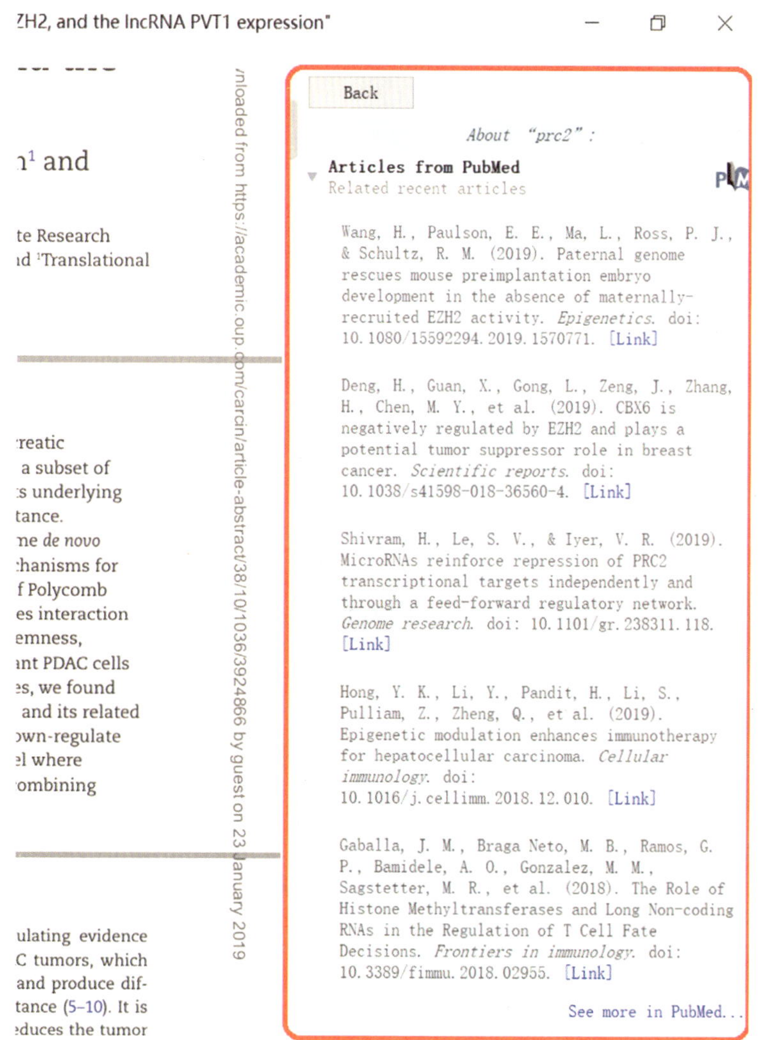

这才是打开文献的正确方式吧，这次就先说到这里吧，祝你们心明眼亮。

看文献到底有什么用？（拾柒）

煤球是个半文盲，嗯，英文半文盲，词汇量在300左右。举个例子，比如“娱乐茶室”，他的翻译是“happy tea house”，那天得瑟地来问我：“你知道‘半身不遂’用英语怎么讲吗？”我回答他：“按照你的词汇量，大概应该是‘half body no work’。”他低着头，其实他想说：half body no go……

那么问题来了，就这么一个英语半文盲，应该如何看懂全英文的Protocol呢？

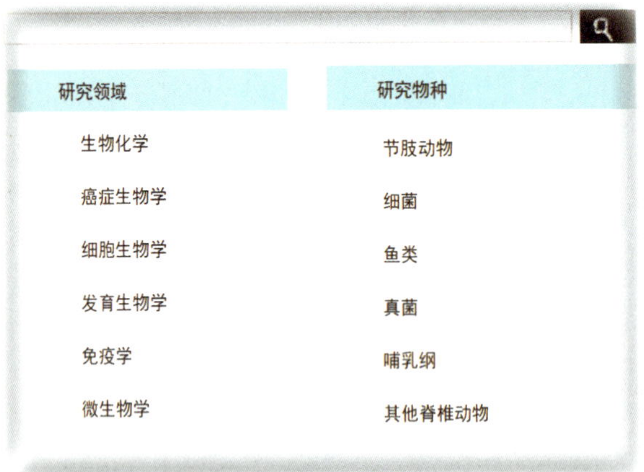

其实，大多数Protocol的常见单词都差不多，只要认得那么几个就行了。我就很机智，知道要用词频分析来获得分子细胞生物学的Protocol里的常见词。首先，我通过这个网站获得了大量的Protocol。这个网站好像之前讲过了吧。不用在意这些细节。

然后，在词频分析网站Text Analyzer中进行分析：

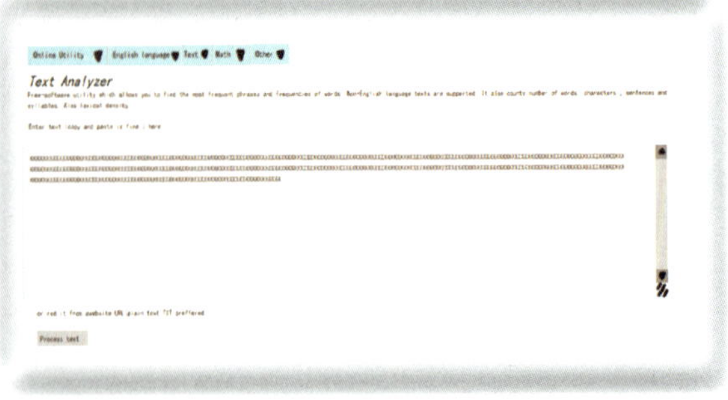

一共有 3 万多个单词，各种词出现的频率一目了然：

Order	Unfiltered word count	Occurrences	Percentage
1.	the	473	5.7174
2.	to	222	2.6834
3.	of	201	2.4296
4.	and	196	2.3692
5.	for	172	2.0791
6.	a	167	2.0186
7.	in	153	1.8494
8.	at	107	1.2934
9.	1	99	1.1967
10.	with	95	1.1483
11.	ml	81	0.9791
12.	5	69	0.8340
13.	be	68	0.8220
14.	2	63	0.7615
15.	cells	57	0.6890
16.	is	56	0.6769
17.	dna	56	0.6769
18.	0	55	0.6648
19.	min	55	0.6648
20.	add	54	0.6527
21.	or	53	0.6406
22.	buffer	46	0.5560
23.	solution	46	0.5560
24.	μl	45	0.5439
25.	tube	45	0.5439
26.	3	39	0.4714
27.	20	37	0.4472
28.	by	37	0.4472
29.	10	36	0.4352
30.	on	36	0.4352
31.	are	34	0.4110
32.	cell	33	0.3989
33.	g	30	0.3626
34.	temperature	30	0.3626

我们来看看具体的词频（去掉介词、定冠词之类的）：

centrifuge/centrifugation 离心（这个实在太常见了），出现了 30 次

plate 皿，平板（比如培养皿，电泳板之类的）出现了 28 次

pellet 颗粒（一般是细胞颗粒，计数的时候）出现了 25 次

transfer 转移（比如 A 管移到 B 管）出现了 25 次

well 孔（比如六孔板，96 孔板）出现了 23 次

spin 甩（这个是简短离心）出现了 21 次

incubate/incubator 孵育 / 培养箱（这个做免疫印迹法实验的时候，细胞培养、细菌培养的时候），出现了 19 次

gently 温和地（提 RNA 的时候，记得温和混匀），出现了 20 次

vial 小瓶（一些小瓶的缓冲液之类的），出现了 17 次

pipette/tip 枪头（其实最常用）出现了 17 次

supernatant 上清液（离心完，不是要上清，就是要沉淀了）出现了 17 次

diluted/dilution 稀释（实验中最常见的环节）出现了 17 次

ethanol 乙醇（常用试剂）出现了 16 次

chamber （电泳）槽（电泳槽，小盒子都可以）出现了 15 次

sterile 灭菌（无菌环节是很重要的）出现了 15 次

isopyknic 等体积（比如加入等体积乙醇）出现了 14 次

concentration 浓度（浓度其实和 pH 值一样重要）出现了 14 次

precipitate/precipitation 沉淀（有要收集上清的，就有要沉淀的）出现了 14 次

membrane 膜（做免疫印迹法实验，或者细胞膜通透性时都会出现）出现 13 次

resuspend 重悬（离心完，要是沉淀有用，那就必须重悬）出现了 12 次

suspension 悬液（重悬后，就是悬液了）出现了 12 次

transfection 转染（lipo2000、农杆菌都叫转染）出现了 11 次

rinse 冲洗（也是一个常见步骤）出现了 11 次

agarose 琼脂糖（一般电泳都需要它，但 SDS-PAGE 电泳可以没有它）出现了 11 次

filtered 过滤（灭菌的一种手段）出现了 10 次

aliquot 等分（经常会需要对体积有一定的描述）出现了 9 次

column 柱（适用于柱法抽提的各种试剂盒）出现了 9 次

serum 血清（通常会和 1640 或者 MEM 之类的词混搭）出现了 9 次

eppendorf 微量离心管（简称 EP 管，并不是某品牌）出现了 9 次

vortex 涡旋（这个震荡一下就好，也就是混匀，一般会伴随着离心一下）出现了 9 次

discard 丢弃（有舍才有得嘛）出现了 8 次

hydrogels 水凝胶（Transwell 的时候，要加的）出现了 7 次

phenol 酚（抽提 DNA/RNA 要用到）出现了 6 次

vacuum 真空（GUS 染色需要真空干燥）出现了 6 次

dissolved 溶解（引物染料都需要用溶液）出现了 6 次

其实还可以看词组，我发现出现频率比较高的，就是 12000rpm，15min 了……

夏老师：虽然是从 3 万多个单词中筛选出来的，但是基本上常见词也就是这些了。背熟了之后，就算你只有 300 个词的词汇量，也能看看一般的英文 Protocol，吹吹牛了。好了，这次就说到这里吧。

看文献到底有什么用？（拾玖）

上篇夏老师教你们如何看懂英文的 Protocol：

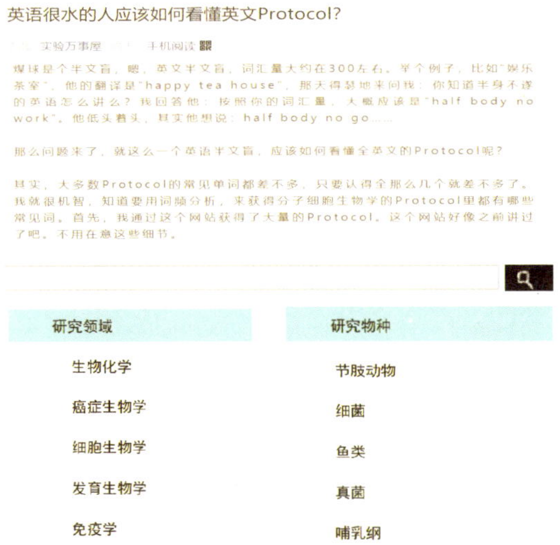

英语很水的人应该如何看懂英文Protocol?

实验万事屋　手机阅读

爆球是个半文盲，嗯，英文半文盲，词汇量大约在300左右。举个例子，比如"娱乐茶室"，他的翻译是"happy tea house"，那天得瑟地来问我：你知道半身不遂的英语怎么讲么？我回答他：按照你的词汇量，大概应该是"half body no work"。他低头着头，其实他想说：half body no go……

那么问题来了，就这么一个英语半文盲，应该如何看懂全英文的Protocol呢？

其实，大多数Protocol的常见单词都差不多，只要认得全那么几个就差不多了。我就很机智，知道要用词频分析，来获得分子细胞生物学的Protocol里都有哪些常见词。首先，我通过这个网站获得了大量的Protocol。这个网站好像之前讲过了吧。不用在意这些细节。

研究领域	研究物种
生物化学	节肢动物
癌症生物学	细菌
细胞生物学	鱼类
发育生物学	真菌
免疫学	哺乳纲

实际上，目的并不是告诉你们有这么一个 Protocol 网站，只是告诉你们可以用常用的英文 Protocol 来分析高频词汇，有针对性地去学习关键单词。然而，评论里基本上都是：

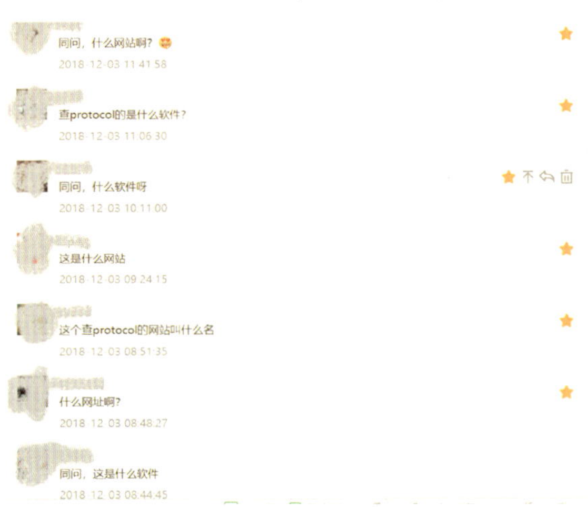

同问，什么网站啊？
2018 12 03 11:41:58

查protocol的是什么软件？
2018 12 03 11:06:30

同问，什么软件呀
2018 12 03 10:11:00

这是什么网站
2018 12 03 09:24:15

这个查protocol的网站叫什么名
2018 12 03 08:51:35

什么网址啊?
2018 12 03 08:48:27

同问，这是什么软件
2018 12 03 08:44:45

甚至还有过来骂我不道德的（夏老师教你学好，还不道德了？）。你们都是受过高等教育的，搜索引擎不会用吗？我就随便搜一个“Protocol”，结果中第一条就是这个网站……

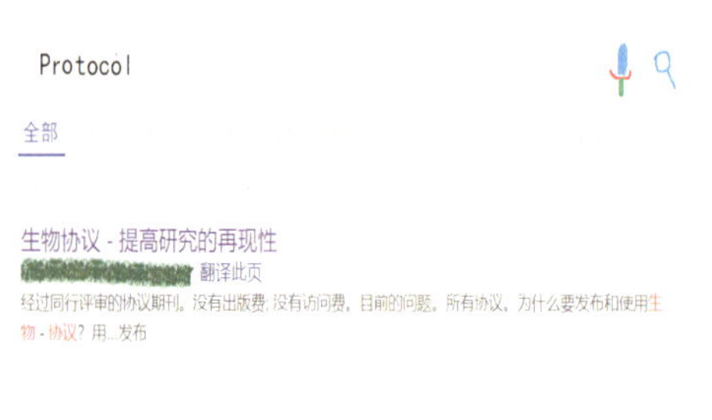

实际上通过这样搜索，我突然发现了另一个 Protocol 的网站，感觉你们应该是没有看到过，这是一个能让你深入理解实验技术的 Protocol 网站，那就是施普林格 · 自然 Protocol：

顾名思义，这个就能搜索施普林格 · 自然出版的 Protocol，分类还是挺细的，包含分子技术、显微镜技术和细胞培养等等技术的 Protocol：

随便点一个 WB 的进去，大概就是这样，动、植、微生物的都有，还细分到 Far-Western Blot（非抗体结合的 Blot），southwestern Blot（DNA 结合蛋白的 blot），等等。

像这样搜，能搜到好多，也能通过左侧栏进行进一步筛选：

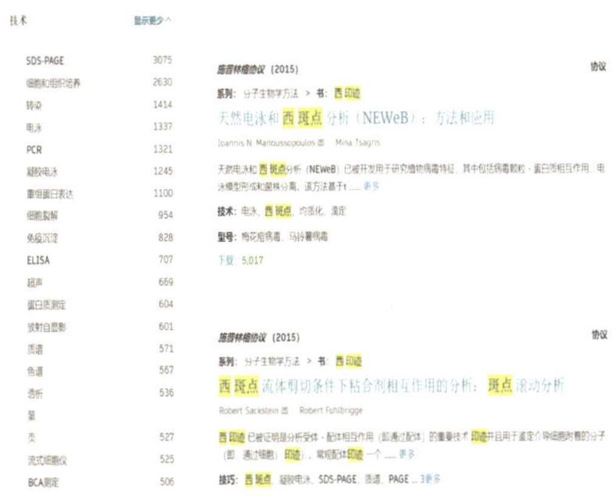

但是，这里搜到的 Protocol 有两种来源，一种是书中的，另一种是文章中的。书中的 Protocol，主要体现的是实验的相关原理，以及一些示意图，有的甚至还有动画。这个就更方便大家理解实验具体做的是什么，得到的结果如何去解释。

文献中就主要是对技术本身进行阐述了。

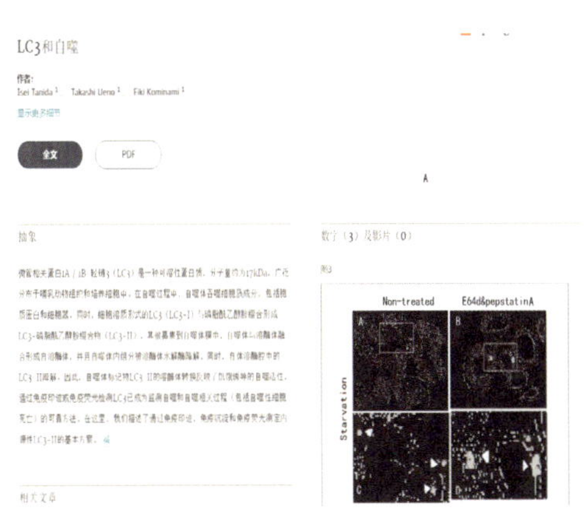

当然，同时我们还能看到这个 Protocol 的其他相关技术，以及引文信息（也就知道这技术近几年火不火了）。

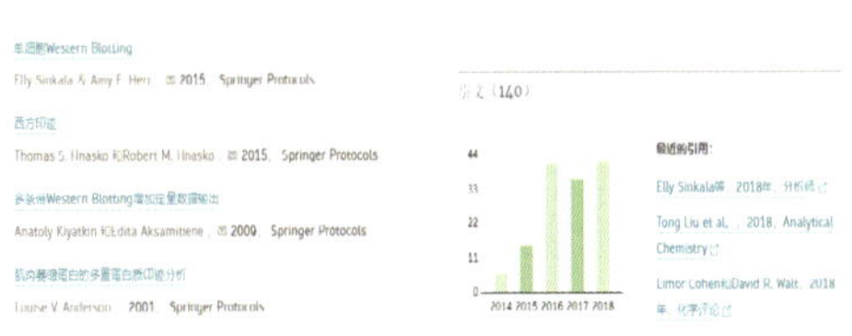

这样对于一个技术，也许你就能有深入的认识了。当然，显示出的相关文字，一样也可以用来进行文本分析：

频率和热门词：

字	出现次数	频率	秩
脱氧核糖核酸	12	6.8%	1
蛋白质	9	5.1%	2
印迹	6	3.4%	3
捆绑	5	2.8%	4
具体	4	2.3%	5
西南	4	2.3%	5
分离	3	1.7%	6
蛋白	3	1.7%	6
凝胶	3	1.7%	6
技术	3	1.7%	6

好了，夏老师只能帮你们到这里了，祝你们心明眼亮。

看文献到底有什么用？（贰拾叁）

很久没有给你们讲那些低端的文献了，这次夏老师就给你们讲文献。今天这篇文献吧，发表在 *Bioengineered*（IF=1.639）上，好像这本杂志最近“水”得比较厉害，所以我就随便讲讲了。

Bioengineered

MircroRNA-485-5p suooresses the proliferation, migration and invasion of small cell lung cancer cells by targeting flotillin-2

讲这篇文献之前，先给你们讲个简单的，我编的故事：某小区发生了一桩入室杀人案，警方逮到了一个嫌疑人，这嫌疑人有这样几个特征：（1）曾经在这个小区出现过，（2）孔武有力，能撂倒好几个抓捕他的刑警，（3）有入室盗窃的前科。所以警方判断，这个人就是凶手。

当然，并没有这样一桩入室杀人案，你也清楚，警方不会凭这三条就判断这人是杀人犯。这只是个故事……

我们回到文献，这篇文献大概就分成这么几块，第一，某某 miRNA 在肿瘤中低表达：

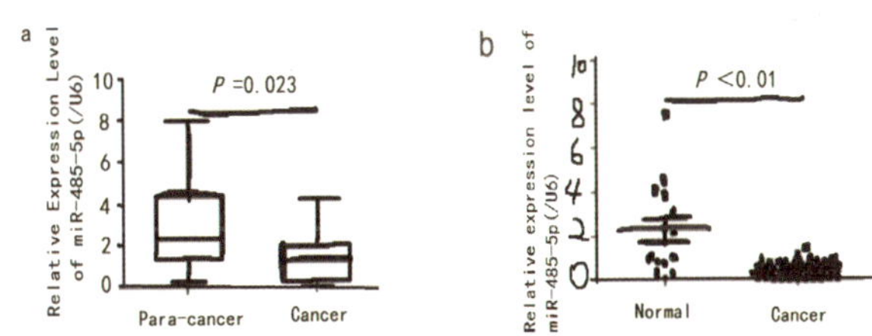

Figure 1. MiR-485-5p expression in SCLC tissues. (a). Comparison of the expression levels of miR-485-5p between SCLC tissues and the adjacent normal tisues. The expression levels miR-485-5p in the SCLC tissues and the corresponding adjacent normal tissues from SCLC patients were detected by RT-qPCR using β-actin mRNA as an internal standard (n=18). (b). Comparison of the expression levels of miR-485-5p between SCLC tissues from patients (n=18) and tissues from healthy people (n=56). miR-485-5p levels were detected by RT-qPCR using U6 RNA as an internal standard ($p<0.01$). Values were expressed as mean±SD.

第二，过表达或者敲减这个 miRNA，对肿瘤的增殖和迁移侵袭有影响：

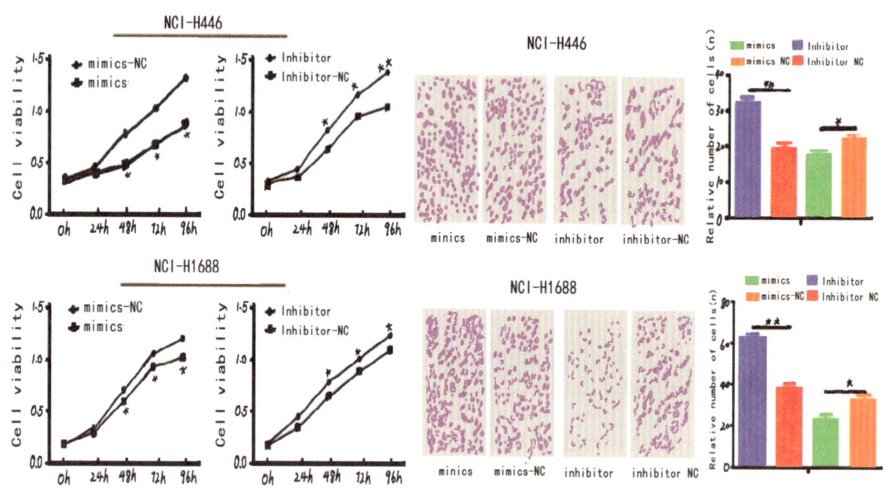

第三，分析了这个 miRNA 的下游靶基因：

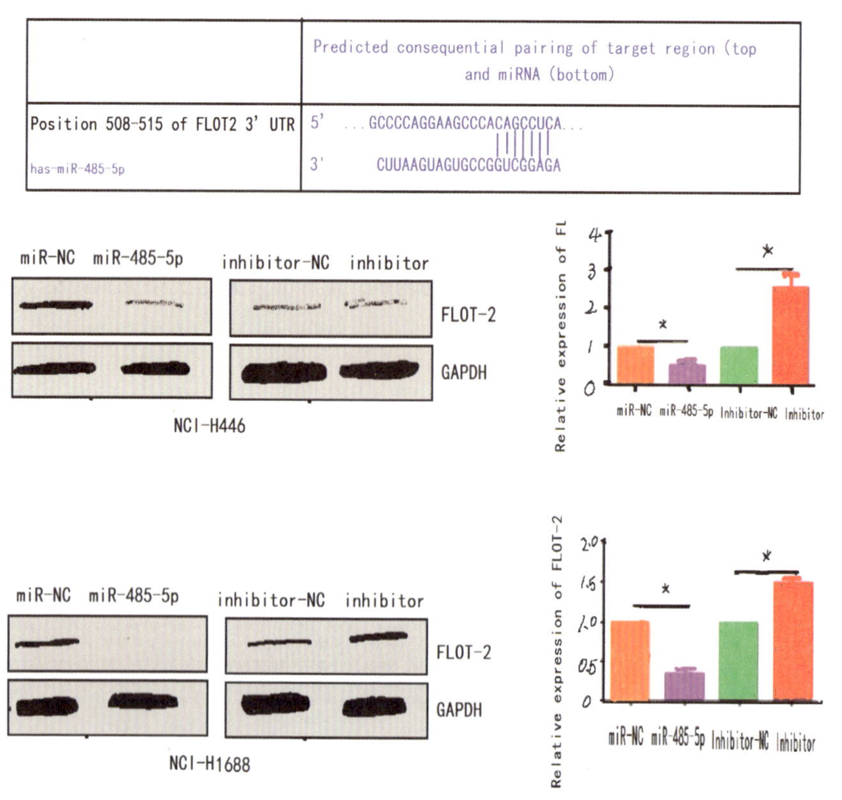

	Predicted consequential pairing of target region (top and miRNA (bottom)
Position 508-515 of FLOT2 3' UTR has-miR-485-5p	5' ...GCCCCAGGAAGCCCACAGCCUCA... 3' CUUAAGUAGUGCCGGUCGGAGA

以及在样本中与靶基因的关系：

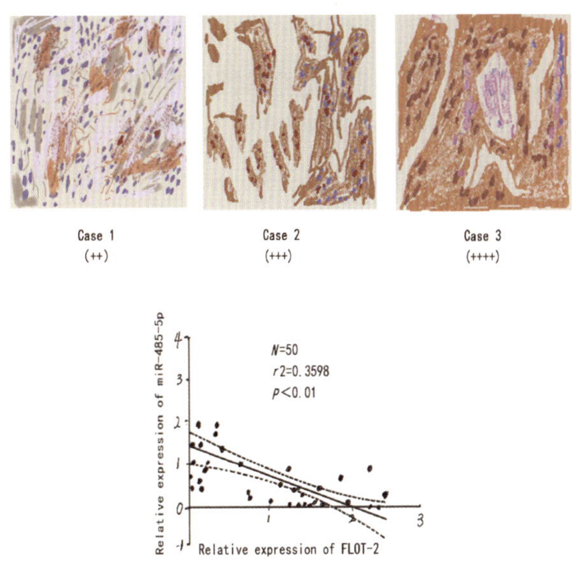

好了，这篇文章就这么结束了。想到什么了吗？嗯，这就是比较简单的，被某些公众号鼓吹的科研套路，多少个恒量，多少个变量，来回验证啊……我都看蒙了。实际上他们想表达的就是，科研套路就是模块化的实验设计。

什么是模块化？流水线加工厂知道吧，就是用几个模块来完成看似合理的论证。按照他们的理解，模块堆砌得越多，文章分数就越高。那么这次这篇文献，我们来拆解一下看看：

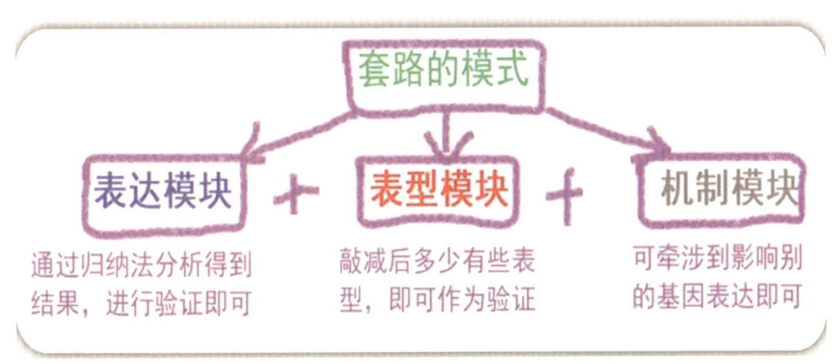

这篇文章分成三个模块：表达模块、表型模块和机制模块。

表达模块主要论证的是这个基因在某种疾病中有差异表达，这个是无可厚非的，因为如果不是有差异表达，你也不会去研究它。

第二个模块是表型模块，也就是说，这个基因的表达对于疾病的模型会产生影响。这个就有意思了，一般来说如果对于某种疾病模型，如细胞系，进行一个过表达或者敲减，特别是敲减，很容易打破细胞本身的基因表达平衡，从而产生表型。也就是说，这个模块的实验，很大可能性上是会获得相应结果的。

第三个模块是机制模块，一般来说，会让这个被研究的基因和一些已有过研究的基因进行关联，从而证明它们之间的关系。有意思的是，并不一定是这个基因对所谓明星分子产生影响，而是明星分子粉丝太多，所以多少会有那么点关联性。

以上这三个模块，就是所谓科研套路的基本操作。但是，现在我们来回想一下，夏老师编的那个故事，有这三个特征的人，真的就是嫌疑犯了吗？当然不一定是，因为三个模块的证据并不是串联的，而是并联的，中间是缺乏证据链支持的。

所以，所谓的科研套路，即使你堆砌再多的模块上去，要上 5 分也是够呛。好了，这次就先给你们说到这里吧，估计说多了你们也听不懂，祝你们心明眼亮。

如何看懂文献里的那些图（1）

流式细胞仪是最常用的设备，文章里也会比较常见流式的结果。但流式结果怎么来分析呢？

四张图告诉你基本的流式结果分析方法！

DNA 含量直方图

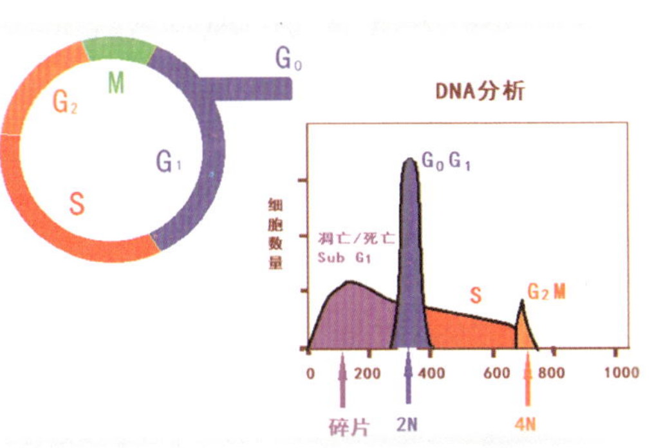

细胞中 DNA 的倍体变化，代表着细胞周期的变化，故可以用 DNA 含量直方图解释细胞周期的结果。哪块阴影部分面积大，就说明哪个细胞周期受到了阻滞，碎片面积大的话，就说明细胞凋亡增加了。

设门

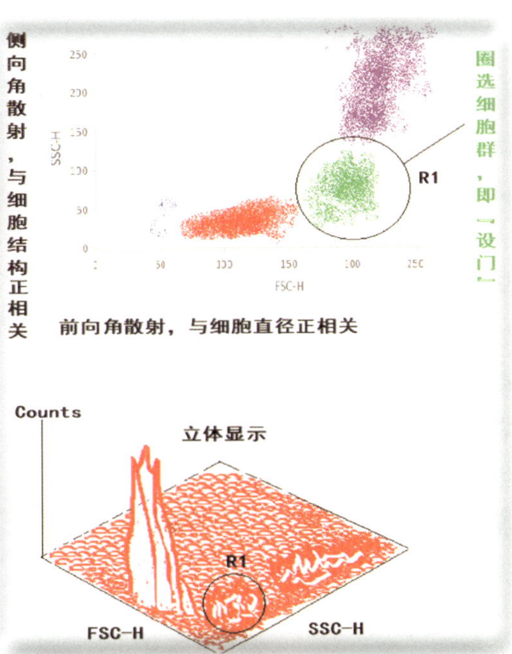

细胞有着不同的参数，可以使用不同的参数对不同的细胞进行分类，设门就是这样使用双参数对细胞进行分群，将细胞中需要检测的细胞群区分出来，以便更有针对性地进行分析。图中 X 轴作为一种细胞参数，而 Y 轴作为另一种细胞参数进行区分，圈出的 R1 即为接下来进行分析的范围。立体图更直观。

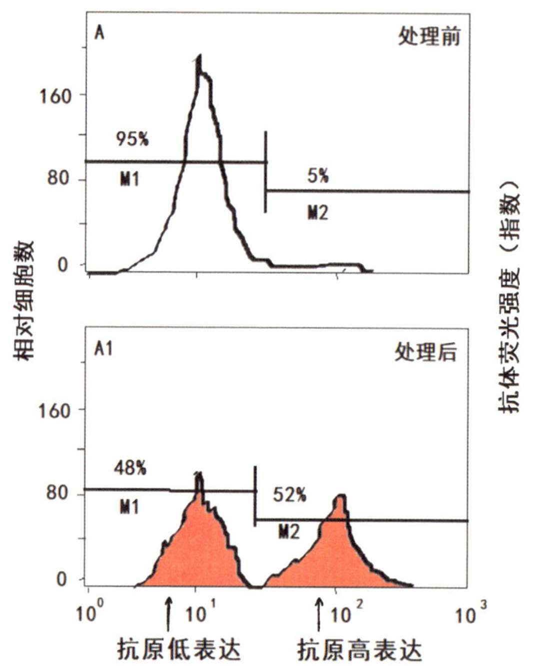

单标抗原表达直方图

单标抗原表达，主要用于研究处理前及处理后的抗原表达高低的百分比差异。

双标抗原分析

在单标的基础上会有较多双标抗原检测的流式分析，例如 Annexin V/PI 双染色（“抗原 1”替换为 AnnexinV 荧光强度，“抗原 2”替换为 PI 荧光强度）检测早期凋亡，单标和双标究竟有什么差异，右侧这张图可以更直观地告诉你。如果右图为Annexin V/PI双染色，右上象限标示的即为已死亡的细胞，可以与右下象限中早期凋亡的细胞区分开了，单标是无法区分的。

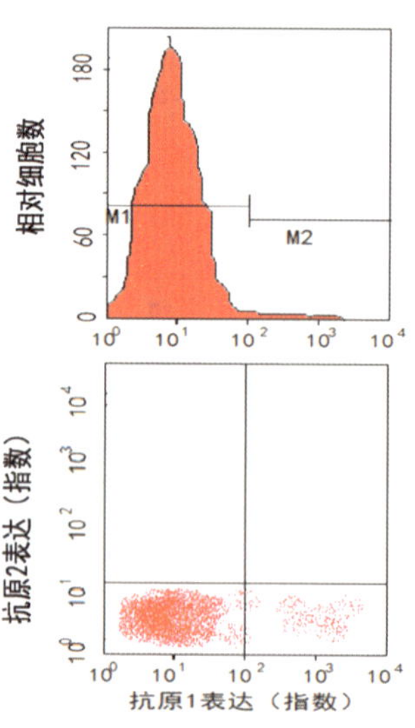

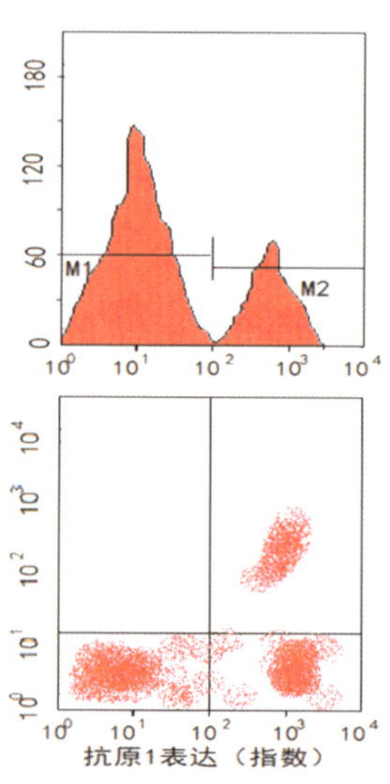

如何看懂文献里的那些图（2）

我叫林平之，是夏老师的师弟。好吧，这篇先翻过去。刚进实验室不久的你，或者已经进来多半会儿了的你，也许会和我有差不多的遭遇，就是需要看懂质粒图。当然土豪实验室可以包给外面的公司，但我们不行。因为鲁老板觉得包给外面公司太不靠谱了（其实可能是嫌费用太高），于是就叫我们自己构建。

我看到的质粒图是这样的：

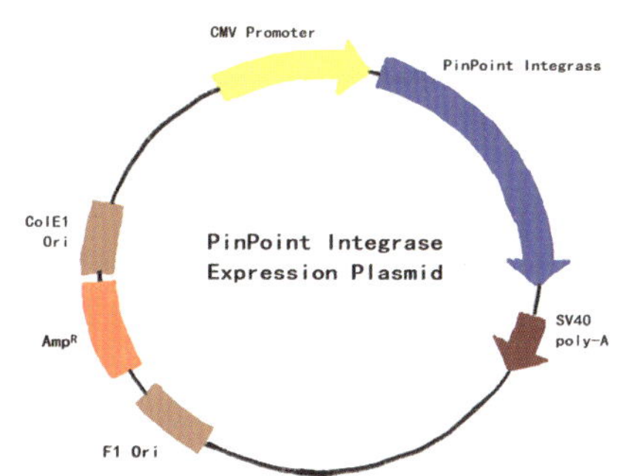

还有这样的：

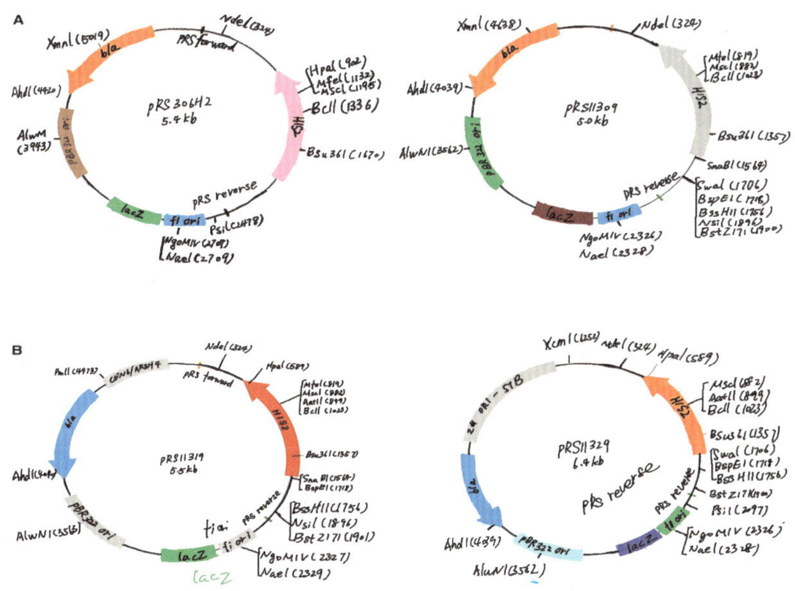

或者还有这样：

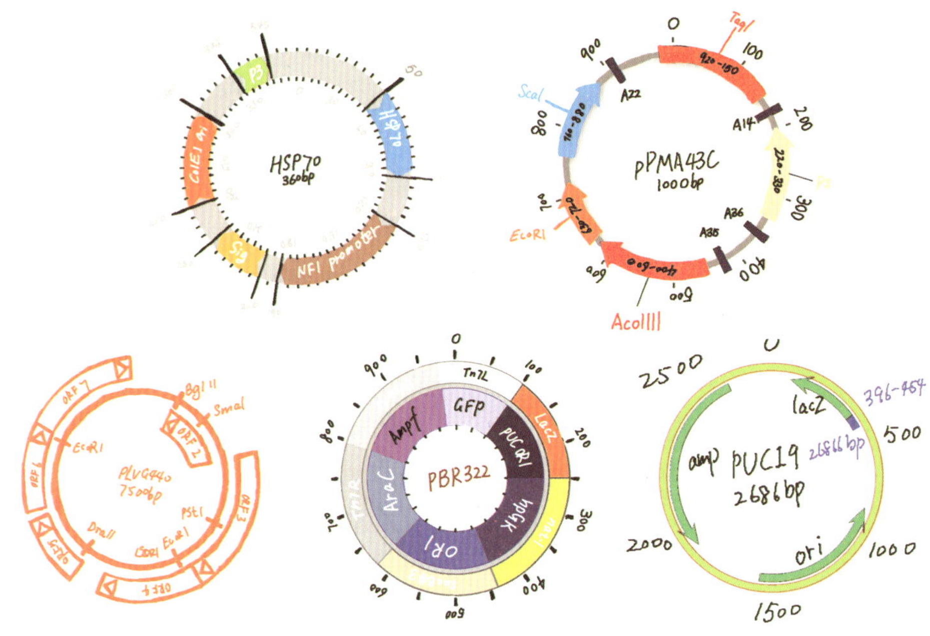

在我眼里其实是这样的：

我已经蒙了。好吧，“有困难找夏老师”是万事屋的原则。所以，夏老师，你赶紧给我讲一下吧！

夏老师：质粒图谱啊？暴力拆解的话，分成这样几步。

首先，第一步，看箭头。

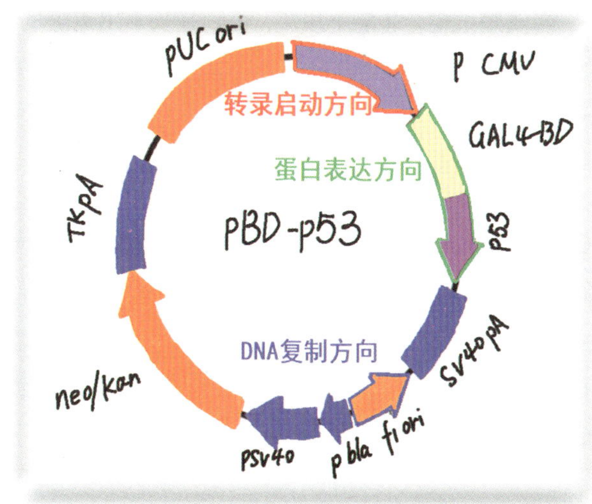

大多数质粒都会有箭头，箭头有两种解释。一种是转录方向，转录方向主要是由启动子开始的一个大箭头，是启动子启动序列的顺序。另一种是复制起始位点的方向，复制起始位点就是该质粒在大肠杆菌等细菌或真菌中 DNA 复制的一个方向。我们还需要提到的是 f1 启动子（图上的 f1 ori），它代表的是噬菌体的复制起始方向，只能复制出单链的 DNA 哦，但是可以用来测序。看懂转录的方向，这样就方便设计插入片段的位置和方向。

第二步，看上面的标签。

还是那张图，这张图是一个酵母双杂的 BD 质粒图片。从上面的标签中我们可以得到很多具体信息，标签上会显示这样的内容：

（1）ori：DNA 复制起始位点，一般在大肠杆菌中是 pUC 类的，其实不是很重要。

（2）P：这个一般是代表启动子，这个质粒上用的是一个 CMV 启动子，来启动后面的表达蛋白。常见的启动子：CMV、EF1（这俩是启动长片段的），H1、U6（启动短片段的，比如 shRNA），35S、2×35S（做植物的应该懂的）。

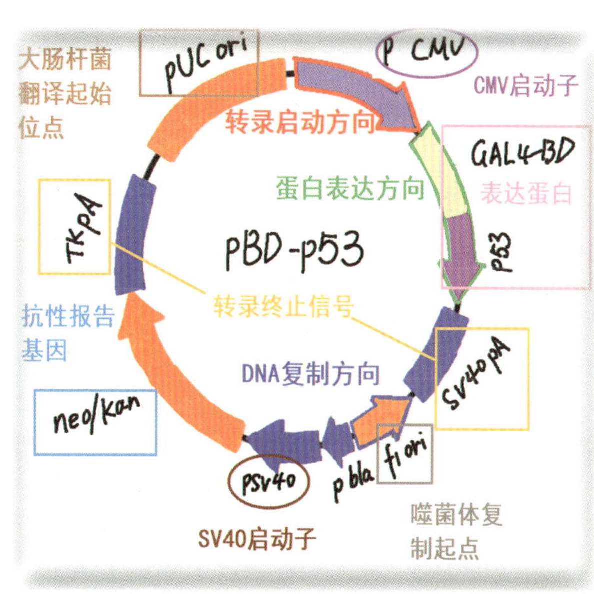

（3）r：有很多抗性基因会在后边加上 R，最常见的是 Amp（氨苄青霉素，常用）、Kan（卡那霉素，常用）、Tet（四环素，tet on/tet of）、Cmr（氯霉素，某些酵母表达质粒）、SM（链霉素）、Hyg（潮霉素，农杆菌里常用的），看清楚抗性，才能不用错，否则是长不出克隆的。

（4）pA：这个应该不用解释太多了，这个就是转录终止位点 poly A。

（5）报告基因：通常会有一两个蛋白被用作报告基因，比如常见的 copGFP（绿色荧光蛋白）、Puro（嘌呤霉素）、Lacz（乳糖操纵子）等等。和抗性基因不同，这样的报告基因，并不是在大肠杆菌扩增质粒的过程中起作用的，而是在质粒转入表达体系后起作用的，基本上就是为了显示过表达或是敲减的基因是否正常运作。有的报告基因会融合在蛋白中表达，有的会另外用一个独立的启动子进行表达（比如 shRNA 的质粒中）。

（6）其他：至于其他，一般就是一些调控元件和所表达的蛋白了。

第三步，看多克隆位点。

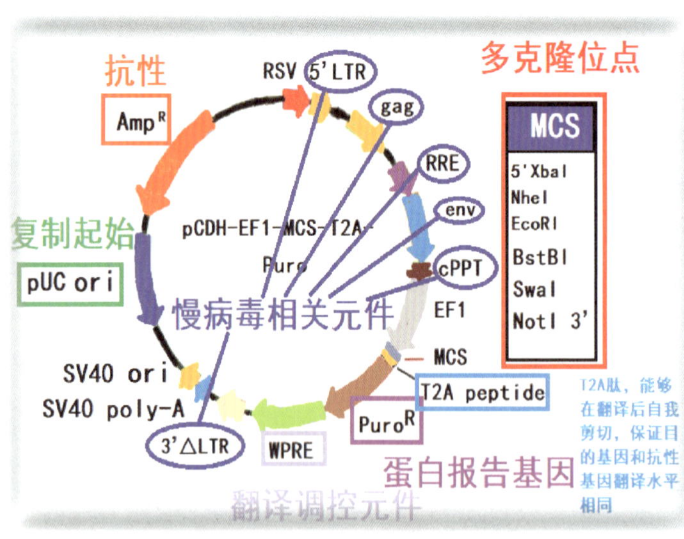

MCS（multiple cloning site，也就是多克隆位点），一般图中会把多克隆位点上的酶切位点都标记出来。上面的酶切位点，一般都是按照 5’—3’ 的顺序排列下来的，需要注意的是以下两点。

第一点，酶切位点边标注了“*”的一般是指并不仅仅存在一个位点，也就不能用来作为构建质粒的酶切位点。

第二点，有的酶切位点在序列中只有一个，但它上面也会标注一个“*”或者“dam”，这说明可能这个酶切位点会有 CpG 岛的甲基化修饰 [常见的是 Xba1，TCTAG(6m)A 中的 TC 无法切开]，一般也是不能用的。但是非要用这个酶切位点的话，就需要用非甲基化的感受态细胞，如 JM109 或 JM110。

第四步，看多克隆位点的序列。

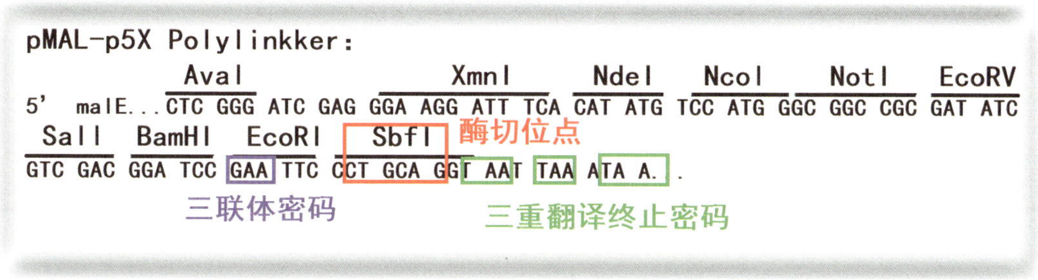

pMAL-p5X Polylinkker:

AvaI XmnI NdeI NcoI NotI EcoRV

5' malE...CTC GGG ATC GAG GGA AGG ATT TCA CAT ATG TCC ATG GGC GGC CGC GAT ATC

SalI BamHI EcoRI SbfI 酶切位点

GTC GAC GGA TCC GAA TTC CCT GCA GGT AAT TAA ATA A...

三联体密码 三重翻译终止密码

多克隆位点一般会有上图这样的序列，也就是三联体密码加上酶切位点标示的序列。这里的三联体密码,主要是为了提示你,插入的表达的片段,需要按照这样的三联体进行插入，不要有移码突变。5’末端如果有差异的话，可以把基因的 ATG（甲硫氨酸）的 5’末端替换 1 或 2 个碱基（变成 GTG 或者 GCG 这样），从第二个氨基酸序列开始完全一致即可。而配合扩增和酶切的话，插入片段是允许有 3’末端的冗余的。为了应付 3’末端的冗余碱基，在多克隆位点序列后，会有译码的终止 TAA 密码，即使插入的片段使得 3’末端产生了移码突变，照样能使表达的蛋白正常终止掉（在酵母双杂的 AD 质粒中，由于插入的是随机 cDNA，所以 AD 的载体上会常见这样的结构）。

好了，明白怎么看质粒图了吗？这次就说到这里了。

如何看懂文献里的那些图（3）

想要把自己研究的分子扯上明星分子或者明星通路？那是不难，难的是具体要怎么去扯，芯片结果啊，生物信息分析（以下简称“生信”）结果啊，都会给你提示，但真的要具体扯上去，还得看懂那些七七八八的信号通路图。

KEGG Pathway 上有着大量的信号通路图，画得那叫一个复杂啊！曾经有师弟说我之前把 Wnt 通路描述错了，他师兄告诉他，应该是 GSK-3β 磷酸化抑制 β-catenin 降解，并促进它入核的。在这里，我们只能默默地祝福这位师兄了……

那我们就以 Wnt 通路为例吧。先上 KEGG 下载一个 Wnt 的信号通路图，如下：

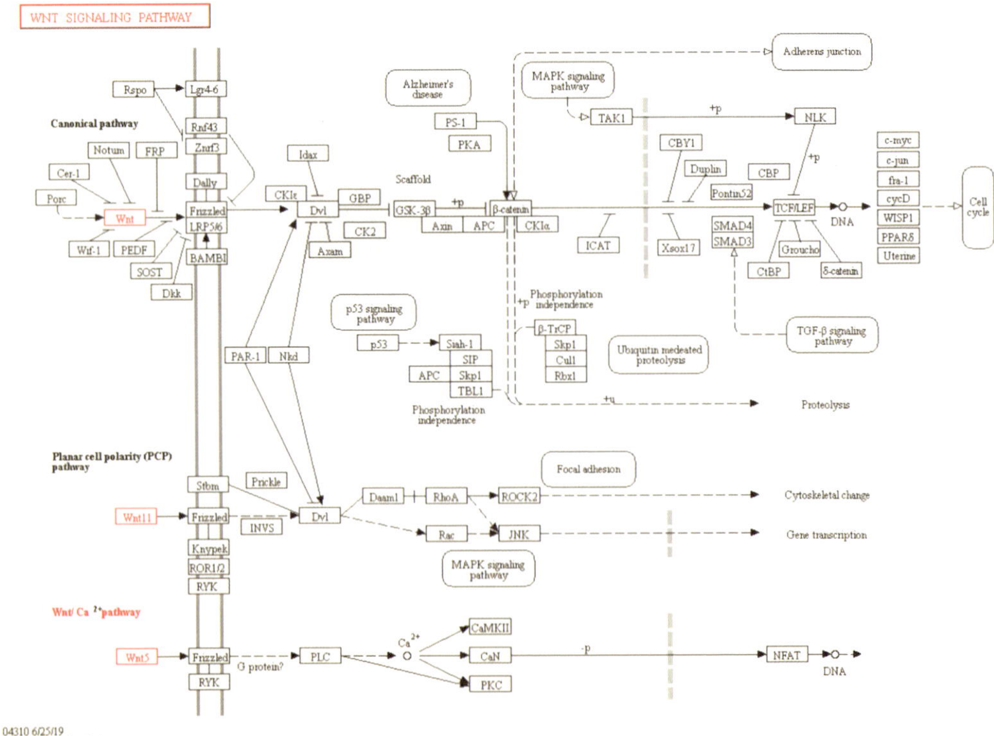

很高大上的不是吗？这要咋看呢？其实这张图上把三个 Wnt 通路都画上了，也就是 Wnt/β-catenin（经典 Wnt 通路），Wnt/PCP（平面的细胞极性途径）和 Wnt/Ca^{2+}（Wnt/ 钙离子）三条信号通路。我们删减一下，只看经典的 Wnt 通路，就变成下面这个模样：

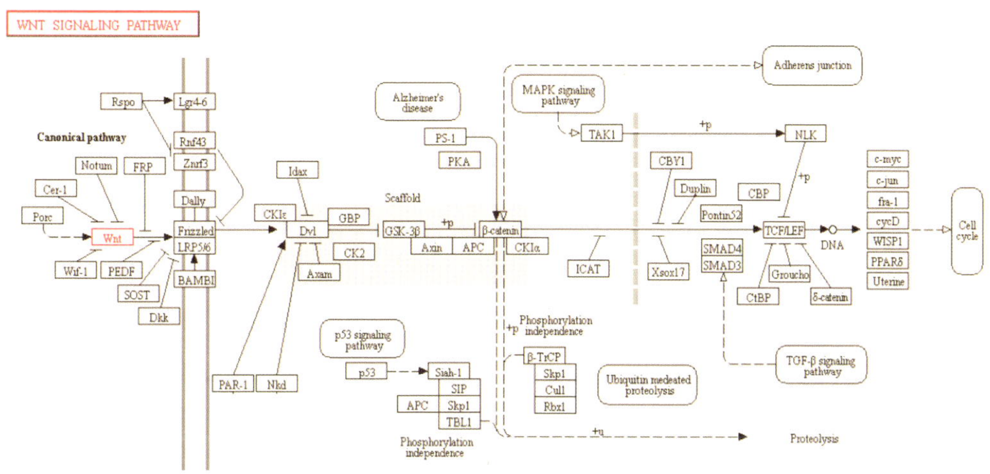

感觉还是很高大上对不？那就再删减一下，把它变成经典 Wnt 信号通路的骨架会是什么样呢？就是这样：

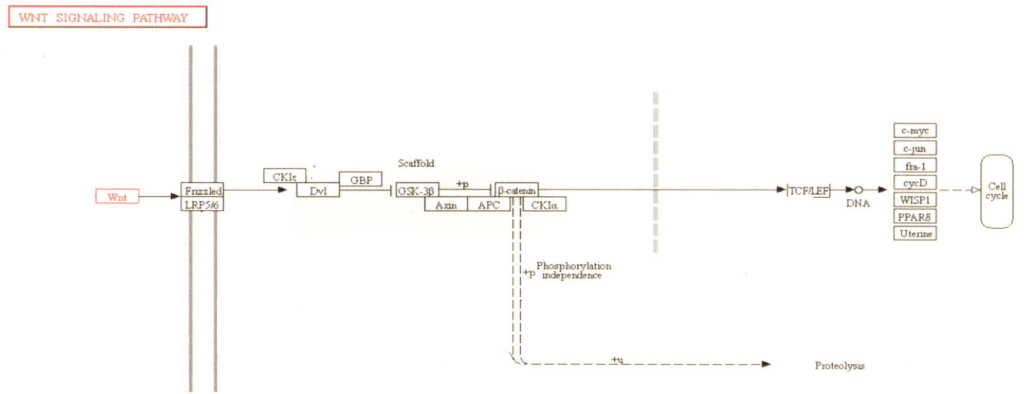

简洁明了了吧，但要怎么来看懂这样的图呢？我们来看一下 KEGG Pathway 上的具体图例：

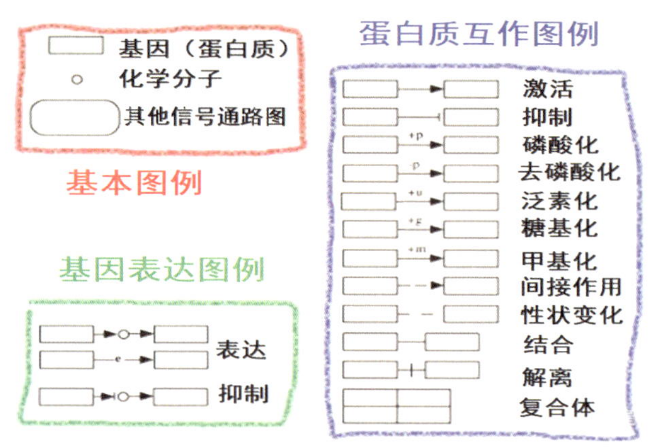

用这些图例来解释经典 Wnt 信号通路骨架图，就变成了：

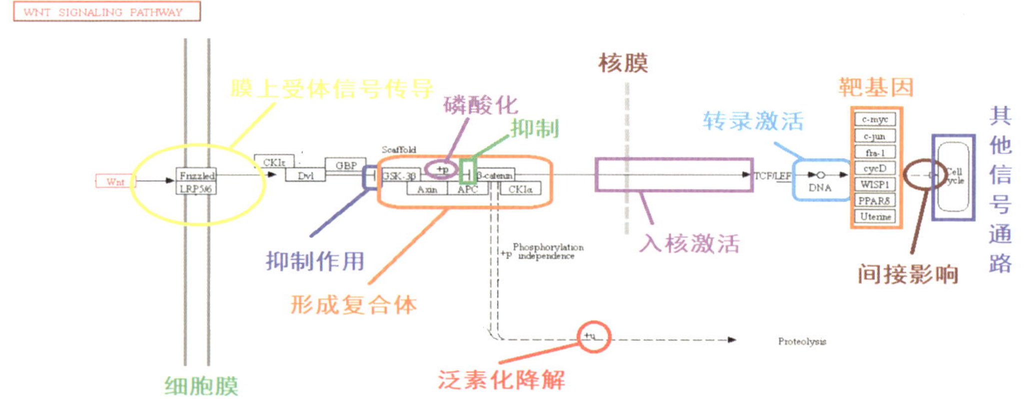

看懂了吗？那给你从左到右解释一下：

（1）Wnt 激活膜上受体，将信号传递到第二信使 Dvl，活化的 Dvl 抑制由 Axin、APC 和 GSK-3β 组成的复合物的活性，使 β-catenin 不能被 GSK-3β 磷酸化。

（2）磷酸化的 β-catenin 才可通过泛素化 (ubiquitination) 而被胞浆内的蛋白酶体所降解，由于非磷酸化的 β-catenin 不能被蛋白酶体降解，从而导致 β-catenin 在胞浆内积聚，并移向核内。

（3）当游离的 β-catenin 进入细胞核内，即可与转录因子 TCF/LEF 结合，激活 TCF 转录活性，调节靶基因的表达。

那我们回过头来看复杂一点的图上都讲了啥。

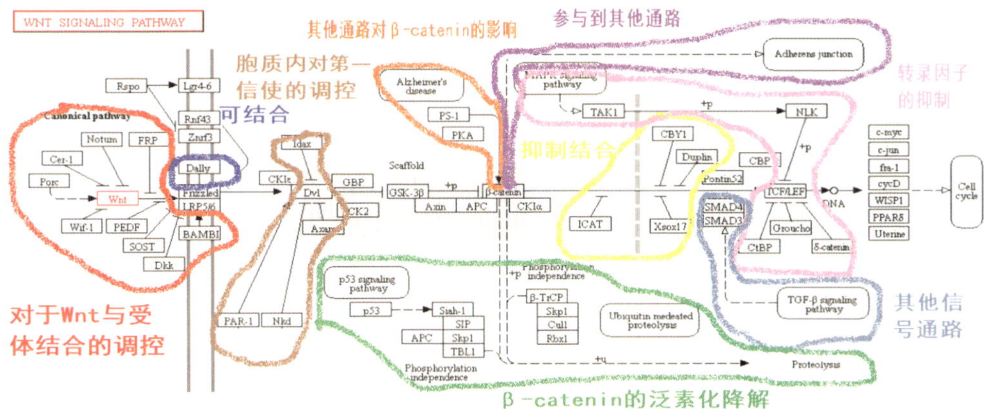

这个就是整个经典 Wnt 信号通路的调控机制了。我说看帖的你，明白 KEGG 的信号通路该怎么看了吧？要是已经明白了的话，是不是应该拿去教育教育你师兄，别把师弟师妹带坏了呢？

 如何看懂文献里的那些图（4）

在对 PCR 产物进行测序分析时，我们经常会获得这样的图谱，这是一种 AB1 格式的测序峰图，可以用 chromas 等软件打开。

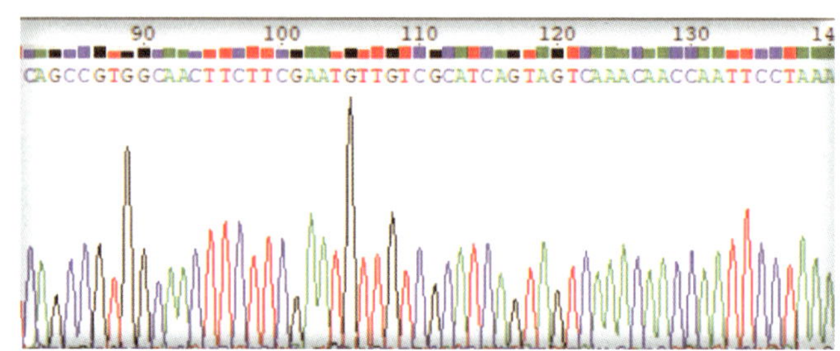

测序公司除了给我们一份 AB1 文件，还会给我们一份 seq 格式的序列。

1-130.G1-4R_A08.seq - 记事本

文件(F) 编辑(E) 格式(O) 查看(V) 帮助(H)

> 1-130.G1-4R_A08.ab1 no comment
TCGRSTAGCAGATCGTMAGTAGCCGTAGTACATCTAGTTTATGA
TTGACTCCATCAACAACATCAGTAATGACTAATTTC
TCAGCCGTGGCAACTTCTTCGAATGTTGTCGCATCAGTAGTCAA
ACAACCAATTCCTAAAGTTTGCGTATTGAGCGGACA
CACTTTAATTGTACATGATGATCCCATTGAAATCCATTTATTTGCC

它采用的是一代测序方法——Sanger 法，又叫双脱氧法，该方法是一个叫 Frederick Sanger 的科学家发明的，他也因此获得了诺贝尔奖。

双脱氧法指的是双脱氧核糖核苷酸（ddNTP），它比脱氧核糖核苷酸（dNTP，组成 DNA 的原料）少了 3’ 位的羟基，正常 DNA 合成通过 3’ 位的羟基与 5’ 位的磷酸二酯键连接，但是少了这个羟基之后，就无法使后面的 dNTP 聚合上来，从而合成终止。

O⁻ / O=P—O—CH₂ (5’) / O / O=P—O⁻ / O / O=P—O⁻ / O⁻；O；4’ 1’ 3’ 2’；OH H；碱基

脱氧核糖核苷酸（dNTP），DNA的原料

O⁻ / O=P—O—CH₂ (5’) / O / O=P—O⁻ / O / O=P—O⁻ / O⁻；O；4’ 1’ 3’ 2’；H H；碱基

双脱氧核糖核苷酸（ddNTP），Sanger测序法的终止合成原料

聚合反应中，在 4 管反应液中加入了 NTP，每管又分别加入了 4 种 ddNTP。按模板合成互补链时，可能结合 dNTP，也可能结合 ddNTP。如果结合 dNTP，合成继续进行，一旦结合 ddNTP 后合成就终止，最终形成大小不一的片段（包含了所有长度的片段）。然后通过毛细管电泳 4 条泳道，检测其长度和末端碱基类型（ddNTP 碱基上连接有荧光信号，A、T、G、C 碱基均有特定的荧光基团），最后通过计算机分析信号得到其序列。

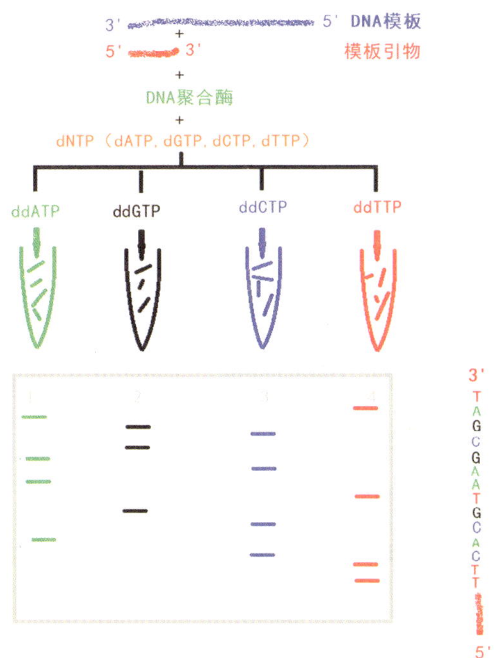

这种测序峰图一般以四种颜色（红、蓝、绿、黑）代表 4 种碱基（T、C、A、G），但也存在其他的字母，代表该位点出现了多个峰，可能有多个碱基，比如（W=A or T；S=C or G；R=A or G；Y=C or T；N=A, C, G, or T 等）。峰的高低表示荧光信号的强度，峰的宽窄表示分离的程度，上面的数字就是碱基顺序位置。

但是该测序方法开始和结束的时候，测序的结果并不可信。

电泳还未开始前，由于存在毛细管现象，就有部分片段进入毛细管进样端，电泳刚开始电压也不怎么稳定，残存的染料单体又会造成干扰峰，还会存在引物和引物二聚体峰，导致前几十个碱基数据检测结果不准，一般选择几十个碱基后的序列进行后续分析。

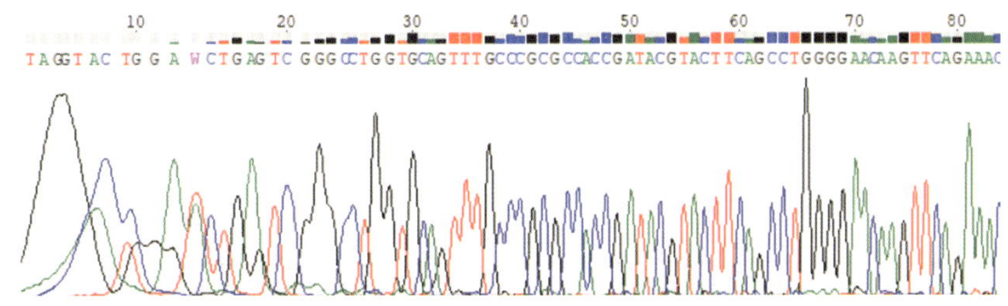

800 个碱基后的结果也不可信，由于分子量越大，电泳时分离胶分离程度越小，导致碱基分不开，而且到后来测序反应的信号逐渐减弱，峰图会显得杂乱，波峰会出现钝化，800 后的碱基一般也不可信。

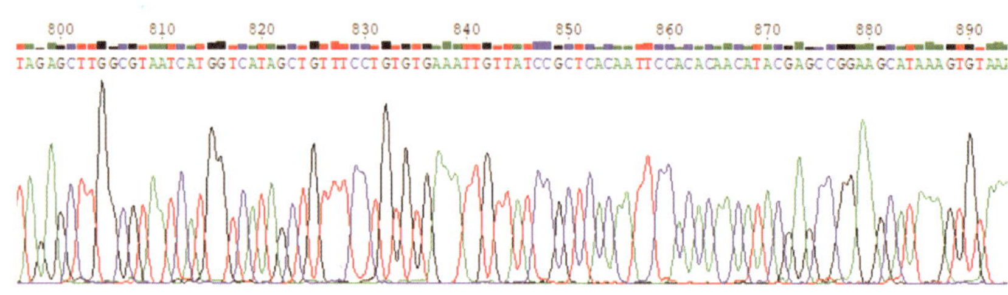

因此引物设计尽量远离目标序列。

测序图会出现各种奇怪的峰图，常见的如下：

杂合峰（1 个位点上出现 2 个高度一致的峰，而且峰的高度低于周围，说明序列存在杂合突变）。

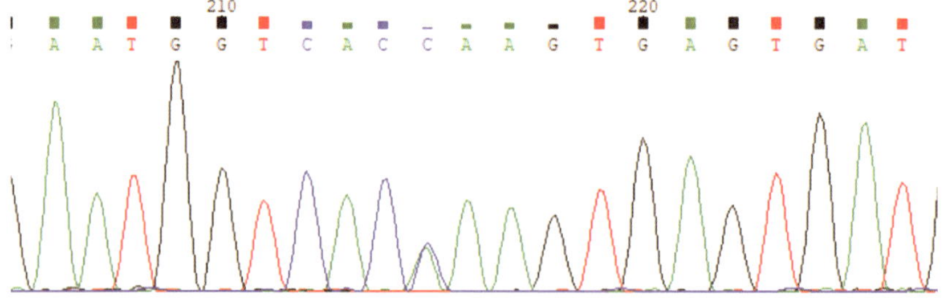

重叠峰（由于片段 1 个或 2 个碱基的缺失，导致测序发生了移码）。

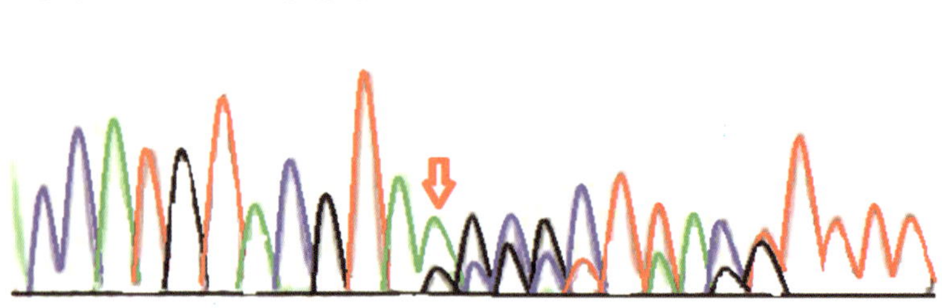

模板不纯（非特异性条带，前半部分峰单一，而后半部分出现套峰，因 PCR 产物不纯导致）。

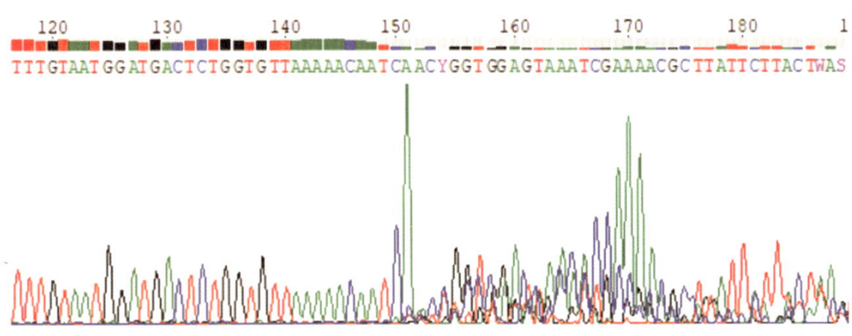

酒精峰（纯化时，有酒精残留，但不影响其序列，只是多出了一个峰）。

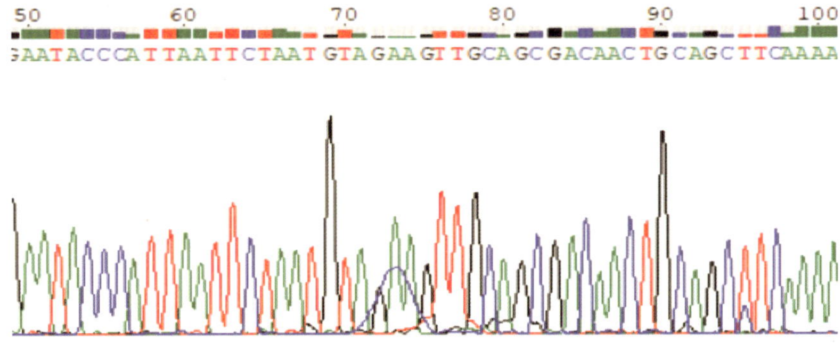

无信号峰型（无引物结合位点或没加模板）。

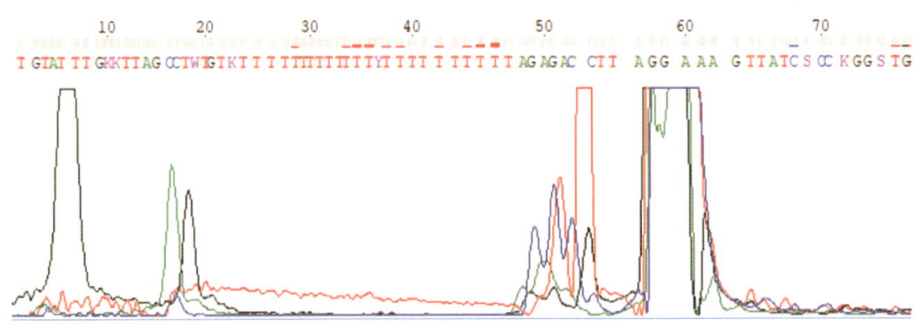

当然，各种各样乱七八糟的峰还有很多，这里就不一一列举了。

如何看懂文献里的那些图（5）

我叫沙良赟，是夏老师的学生，也是林师兄的师弟。

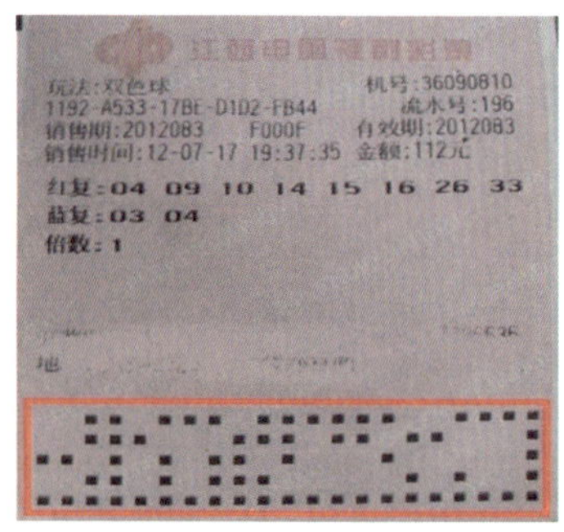

每次我看文献，都会遇到这样的问题，我发觉是我的打开方式不太对劲。因为一打开，看到大部分什么深入机制研究的文章里都有这样的图。

好吧，我知道 CNS 里面是不会有双色球的……这种东西实在是太难看懂了吧，到底要怎么来看这样的双色球，呃，不是，是 CoIP 图呢？

夏老师：呃，看这样的图，先给你做个智力题吧。请听题：

有 A、B、C 三个人，他们在拍照。三个人在一起可以拍到合影，B 不在的时候，A 和 C 只能各自拍风景或者自拍；B 在的时候，A 可以拍到 B 和 C，C 也能。问，他们仨是什么样的蛋白复合体？

沙师弟：呃，老师，这种智力题好像简单了点，如果这三个都是蛋白的话，也就是说应该是 A 和 C 是通过 B 才能在一起的，是这个意思吗？

夏老师：答对了。所以我们看到这样的 CoIP 图片的时候，首先要看的是，上方“+”和下方显示条带的差异性，比如刚才那个简单的智力题，我把它画成简单的 CoIP 图的话，会是这个样子：

	A			C		
A	+	+	+	+	+	
B	+		+	+		+
C	+	+		+	+	+
A	▬	▬	▬	▬		
B	▬		▬	▬		▬
C	▬			▬	▬	▬

但从加入的蛋白不同来看表达的话，当看到条带和加入的蛋白之间有差异的时候，我们就应该知道，其中必然有对蛋白互作结构进行解释的地方。从这种细节上，我们可以判断出这个 CoIP 图所要表达的意思。

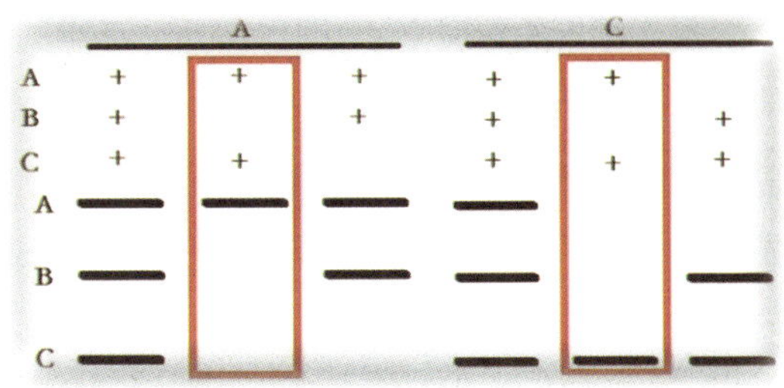

我们来看个例子，这是 *Gene Development*（IF=12.639）上的一篇文章里的 CoIP 图。

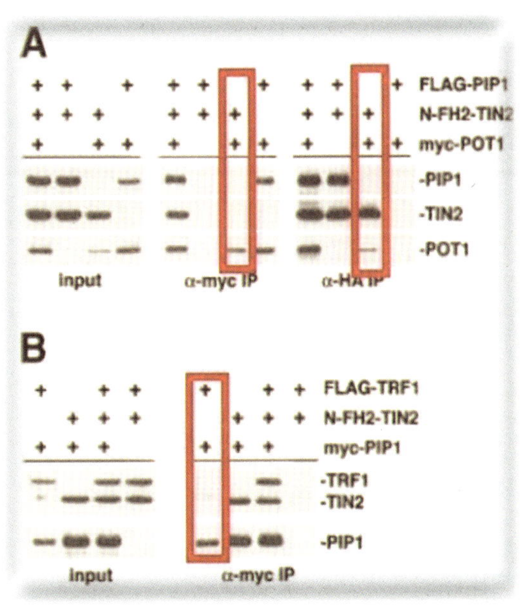

对比一下加入的蛋白和下面产生的条带，我们能明显看到，A 图显示的是：PIP1 是 POT1 及 TIN2 蛋白形成复合体的一个关键；B 图显示的是：TIN2 又是 TRF1 和 PIP1 蛋白形成复合体的一个关键。

通过这样的 CoIP 结果，就可以得出四个蛋白形成复合体的结构了，就像这样：

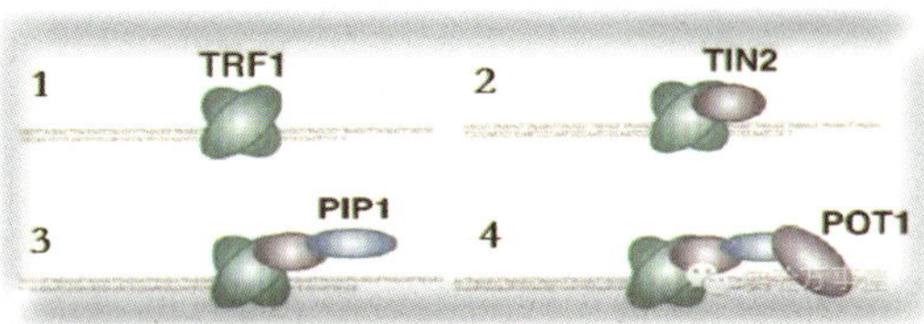

好了，大概明白应该咋看 CoIP 图了吧，小林子？

沙师弟：夏老师，我是小沙（ps：我还是这么没有存在感吗？）

夏老师：要看懂 CoIP 图也需要一点点的小逻辑，但你的逻辑推理能力真的能那么过关吗？有师弟师妹要问了：能做出 A 和 B 拍照这样的就能搞清楚文献的逻辑了吗？别开玩笑了，就那点逻辑推理基本上 3 分以下的够用，要是 CNS（*Cell*，*Nature*，*Science* 杂志）的话就要费劲了。为了演示以下 CNS 需要什么样的逻辑，我们现在来做个小型的测试，熬一熬脑子。题目如下：

1. 在细胞里，五个亚细胞结构，这五个亚细胞结构已经按照顺序排列；

2. 每个亚细胞结构表达着不同的蛋白；

3. 每个蛋白有不同的信号通路，不同的修饰，不同的功能；

4. 戊蛋白在细胞核内表达；

5. 丙蛋白有糖基化修饰；

6. 甲蛋白参与 Wnt 通路；

7. 线粒体排序在溶酶体的左边（亚细胞结构排序的左边）；

8. 线粒体里的蛋白参与 P53 信号通路；

9. 参与炎症反应的蛋白有甲基化的修饰；

10. 细胞质中的蛋白与细胞的迁移侵袭有关；

11. 排序在中间的亚细胞结构中的蛋白参与 NF-κB 信号通路；

12. 丁蛋白在排序为 1 的亚细胞结构中表达；

13. 与增殖相关的蛋白所处的细胞器，在磷酸化修饰的蛋白的隔壁（亚细胞结构排序的隔壁）；

14. 有泛素化修饰的蛋白所处的细胞器，在与细胞迁移相关的蛋白的隔壁（亚细胞结构排序的隔壁）；

15. m-TOR 参与自噬功能；

16. 乙蛋白有促细胞凋亡功能；

17. 丁蛋白在细胞膜的隔壁（亚细胞结构排序的隔壁）；

18. 与增殖相关的蛋白有个参与 MAPK 通路的邻居（亚细胞结构排序的隔壁）；

问题：哪个蛋白有乙酰化修饰？

能答上来吗？答得上来的话，基本上就能无障碍地厘清文献的逻辑结构了。

 如何看懂文献里的那些图（6）

我叫骨头，是新来的，啥都不是特别内行吧。呃，查个序列也没人教呢。在 NCBI（美国国家生物技术信息中心）上查一个序列好烦躁呢，一大串，不知道都是啥。

杀姐姐：骨头，NCBI 的序列格式其实还挺简单的，最常见的有两种格式。一种是 FASTA 格式，另一种就是 Gene Bank 格式。

FASTA 格式是一种由大于号（>）开始，用双斜杠（//）结尾的序列，用 Actin 来举个例子：

Homo sapiens chromosome 7, GRCh38.p13 Primary Assembly

NCBI Reference Sequence: NC_000007.14

GenBank Graphics

```
>NC_000007.14:5527148-5530601 Homo sapiens chromosome 7, GRCh38.p13 Primary Assembly
TCATTTTTAAGGTGTGCACTTTTATTCAACTGGTCTCAAGTCAGTGTACAGGTAAGCCCTGGCTGCCTCC
ACCCACTCCCAGGGAGACCAAAAGCCTTCATACATCTCAAGTTGGGGGACAAAAAAGGGGGAAGGGGGGG
CACGAAGGCTCATCATTCAAAATAAAACAAAATAAAAAAGTATTAAGGCGAAGATTAAAAAAATTTTGCA
TTACATAATTTACACGAAAGCAATGCTATCACCTCCCCTGTGTGGACTTGGGAGAGGACTGGGCCATTCT
CCTTAGAGAGAAGTGGGGTGGCTTTTAGGATGGCAAGGGACTTCCTGTAACAACGCATCTCATATTTGGA
ATGACTATTAAAAAAACAACAATGTGCAATCAAAGTCCTCGGCCACATTGTGAACTTTGGGGGATGCTCG
CTCCAACCGACTGCTGTCACCTTCACCGTTCCAGTTTTTAAATCCTGAGTCAAGCCAAAAAAAAAAAAAA
AACCAAAACAAAACAAAAAAAACAAATAAAGCCATGCCAATCTCATCTTGTTTTCTGCGCAAGTTAGGTT
TTGTCAAGAAAGGGTGTAACGCAACTAAGTCATAGTCCGCCTAGAAGCATTTGCGGTGGACGATGGAGGG
```

FASTA 格式所包含的序列的注释信息其实不多，红框标示出来的就是对这个序列的注释，也只有染色体号、序列位置、物种等等信息。但 FASTA 格式保留了序列的完整信息，计算机对其的识别率就较高了。所以大多数的生信都会应用到 FASTA 格式。

Gene Bank 格式就和 FASTA 不一样了，这个格式含有大量的序列注释，就像这样：

Homo sapiens chromosome 7, GRCh38.p13 Primary Assembly

NCBI Reference Sequence: NC_000007.14

FASTA Graphics

Go to:

```
LOCUS       NC_000007               3454 bp    DNA     linear   CON 22-NOV-2020
DEFINITION  Homo sapiens chromosome 7, GRCh38.p13 Primary Assembly.
ACCESSION   NC_000007 REGION: 5527148..5530601
VERSION     NC_000007.14
DBLINK      BioProject: PRJNA168
            Assembly: GCF_000001405.39
KEYWORDS    RefSeq.
SOURCE      Homo sapiens (human)
  ORGANISM  Homo sapiens
            Eukaryota; Metazoa; Chordata; Craniata; Vertebrata; Euteleostomi;
            Mammalia; Eutheria; Euarchontoglires; Primates; Haplorrhini;
            Catarrhini; Hominidae; Homo.
REFERENCE   1  (bases 1 to 3454)
  CONSRTM   International Human Genome Sequencing Consortium
  TITLE     Finishing the euchromatic sequence of the human genome
  JOURNAL   Nature 431 (7011), 931-945 (2004)
   PUBMED   15496913
REFERENCE   2  (bases 1 to 3454)
  AUTHORS   Lander,E.S., Linton,L.M., Birren,B., Nusbaum,C., Zody,M.C.,
            Baldwin,J., Devon,K., Dewar,K., Doyle,M., FitzHugh,W., Funke,R.,
            Gage,D., Harris,K., Heaford,A., Howland,J., Kann,L., Lehoczky,J.,
            LeVine,R., McEwan,P., McKernan,K., Meldrim,J., Mesirov,J.P.,
            Miranda,C., Morris,W., Naylor,J., Raymond,C., Rosetti,M.,
            Santos,R., Sheridan,A., Sougnez,C., Stange-Thomann,N.,
            Stojanovic,N., Subramanian,A., Wyman,D., Rogers,J., Sulston,J.,
            Ainscough,R., Beck,S., Bentley,D., Burton,J., Clee,C., Carter,N.,
            Coulson,A., Deadman,R., Deloukas,P., Dunham,A., Dunham,I.,
            Durbin,R., French,L., Grafham,D., Gregory,S., Hubbard,T.,
            Humphray,S., Hunt,A., Jones,M., Lloyd,C., McMurray,A., Matthews,L.,
            Mercer,S., Milne,S., Mullikin,J.C., Mungall,A., Plumb,R., Ross,M.,
            Shownkeen,R., Sims,S., Waterston,R.H., Wilson,R.K., Hillier,L.W.,
            McPherson,J.D., Marra,M.A., Mardis,E.R., Fulton,L.A.,
            Chinwalla,A.T., Pepin,K.H., Gish,W.R., Chissoe,S.L., Wendl,M.C.,
            Delehaunty,K.D., Miner,T.L., Delehaunty,A., Kramer,J.B., Cook,L.L.,
            Fulton,R.S., Johnson,D.L., Minx,P.J., Clifton,S.W., Hawkins,T.,
            Branscomb,E., Predki,P., Richardson,P., Wenning,S., Slezak,T.,
            Doggett,N., Cheng,J.F., Olsen,A., Lucas,S., Elkin,C.,
            Uberbacher,E., Frazier,M., Gibbs,R.A., Muzny,D.M., Scherer,S.E.,
            Bouck,J.B., Sodergren,E.J., Worley,K.C., Rives,C.M., Gorrell,J.H.,
            Metzker,M.L., Naylor,S.L., Kucherlapati,R.S., Nelson,D.L.,
```

```
  CONSRTM   International Human Genome Sequencing Consortium
  TITLE     Initial sequencing and analysis of the human genome
  JOURNAL   Nature 409 (6822), 860-921 (2001)
   PUBMED   11237011
  REMARK    Erratum:[Nature 2001 Aug 2;412(6846):565]
COMMENT     REFSEQ INFORMATION: The reference sequence is identical to
            CM000669.2.
            On Feb 3, 2014 this sequence version replaced NC_000007.13.
            Assembly Name: GRCh38.p13 Primary Assembly
            The DNA sequence is composed of genomic sequence, primarily
            finished clones that were sequenced as part of the Human Genome
            Project. PCR products and WGS shotgun sequence have been added
            where necessary to fill gaps or correct errors. All such additions
            are manually curated by GRC staff. For more information see:
            https://genomereference.org.
            ##Genome-Annotation-Data-START##
            Annotation Provider         :: NCBI
            Annotation Status           :: Updated annotation
            Annotation Name             :: Homo sapiens Updated Annotation
                                           Release 109.20201120
            Annotation Version          :: 109.20201120
            Annotation Pipeline         :: NCBI eukaryotic genome annotation
                                           pipeline
            Annotation Software Version :: 8.5
            Annotation Method           :: Best-placed RefSeq; propagated
                                           RefSeq model
            Features Annotated          :: Gene; mRNA; CDS; ncRNA
            ##Genome-Annotation-Data-END##
FEATURES             Location/Qualifiers
     source          1..3454
                     /organism="Homo sapiens"
                     /mol_type="genomic DNA"
                     /db_xref="taxon:9606"
                     /chromosome="7"
     gene            complement(1..3454)
                     /gene="ACTB"
                     /gene_synonym="BRWS1; PS1TP5BP1"
                     /note="actin beta; Derived by automated computational
                     analysis using gene prediction method: BestRefSeq."
                     /db_xref="GeneID:60"
                     /db_xref="HGNC:HGNC:132"
                     /db_xref="MIM:102630"
     mRNA            complement(join(1..744,857..1038,1134..1572,2014..2253,
                     2388..2516,3377..3454))
                     /gene="ACTB"
                     /gene_synonym="BRWS1; PS1TP5BP1"
                     /product="actin beta"
                     /note="Derived by automated computational analysis using
                     gene prediction method: BestRefSeq."
```

```
                     /codon_start=1
                     /product="actin, cytoplasmic 1"
                     /protein_id="NP_001092.1"
                     /db_xref="CCDS:CCDS5341.1"
                     /db_xref="Ensembl:ENSP00000494750.1"
                     /db_xref="GeneID:60"
                     /db_xref="HGNC:HGNC:132"
                     /db_xref="MIM:102630"
                     /translation="MDDDIAALVVDNGSGMCKAGFAGDDAPRAVFPSIVGRPRHQGVM
                     VGMGQKDSYVGDEAQSKRGILTLKYPIEHGIVTNWDDMEKIWHHTFYNELRVAPEEHP
                     VLLTEAPLNPKANREKMTQIMFETFNTPAMYVAIQAVLSLYASGRTTGIVMDSGDGVT
                     HTVPIYEGYALPHAILRLDLAGRDLTDYLMKILTERGYSFTTTAEREIVRDIKEKLCY
                     VALDFEQEMATAASSSSLEKSYELPDGQVITIGNERFRCPEALFQPSFLGMESCGIHE
                     TTFNSIMKCDVDIRKDLYANTVLSGGTTMYPGIADRMQKEITALAPSTMKIKIIAPPE
                     RKYSVWIGGSILASLSTFQQMWISKQEYDESGPSIVHRKCF"
     misc_feature    complement(2508..2510)
                     /gene="ACTB"
                     /gene_synonym="BRWS1; PS1TP5BP1"
                     /note="N-acetylmethionine.
                     /evidence=ECO:0000244|PubMed:22814378; propagated from
                     UniProtKB/Swiss-Prot (P60709.1); acetylation site"
     misc_feature    complement(2505..2507)
                     /gene="ACTB"
                     /gene_synonym="BRWS1; PS1TP5BP1"
                     /note="N-acetylaspartate, in Actin, cytoplasmic 1,
                     N-terminally processed.
                     /evidence=ECO:0000244|PubMed:19413330,
                     ECO:0000244|PubMed:22223895, ECO:0000244|PubMed:22814378,
                     ECO:0000244|PubMed:25944712, ECO:0000269|PubMed:29581253,
                     ECO:0000269|PubMed:30028079, ECO:0000269|Ref.8; propagated
                     from UniProtKB/Swiss-Prot (P60709.1); acetylation site"
ORIGIN
        1 tcatttttaa ggtgtgcact tttattcaac tggtctcaag tcagtgtaca ggtaagccct
       61 ggctgcctcc acccactccc agggagacca aaagccttca tacatctcaa gttgggggac
      121 aaaaaagggg gaaggggggg cacgaaggct catcattcaa aataaaacaa aataaaaaag
      181 tattaaggcg aagattaaaa aaattttgca ttacataatt tacacgaaag caatgctatc
      241 acctcccctg tgtggacttg ggagaggact gggccattct ccttagagag aagtggggtg
      301 gcttttagga tggcaaggga cttcctgtaa caacgcatct catatttgga atgactatta
      361 aaaaaacaac aatgtgcaat caaagtcctc ggccacattg tgaactttgg gggatgctcg
      421 ctccaaccga ctgctgtcac cttcaccgtt ccagttttta aatcctgagt caagccaaaa
      481 aaaaaaaaaa aaccaaaaca aaacaaaaaa aacaaataaa gccatgccaa tctcatcttg
      541 ttttctgcgc aagttaggtt ttgtcaagaa agggtgtaac gcaactaagt catagtccgc
      601 ctagaagcat ttgcggtgga cgatggaggg gccggactcg tcatactcct gcttgctgat
      661 ccacatctgc tggaaggtgg acagcgaggc caggatggag ccgccgatcc acacggagta
      721 cttgcgctca ggaggagcaa tgatctgagg agggaagggg acaggcagtg aggaccctgg
      781 atgtgacagc tccccacaca ccacaggacc ccacagccga cctgcccagg tcagctcagg
      841 caggaaagac acccaccttg atcttcattg tgctgggtgc cagggcagtg atctccttct
      901 gcatcctgtc ggcaatgcca gggtacatgg tggtgccgcc agacagcact gtgttggcgt
      961 acaggtcttt gcggatgtcc acgtcacact tcatgatgga gttgaaggta gtttcgtgga
     1021 tgccacagga ctccatgcct gagagggaaa tgagggcagg acttagcttc cacagcacag
     1081 ccccgagggg taaccctcat gtcaggcaga gccgggagac agtctccact cacccaggaa
     1141 ggaaggctgg aagagtgcct cagggcagcg gaaccgctca ttgccaatgg tgatgacctg
     1201 gccgtcaggc agctcgtagc tcttctccag ggaggagctg gaagcagccg tggccatctc
```

```
LOCUS       NC_000007            3454 bp    DNA     linear   CON 22-NOV-2020
DEFINITION  Homo sapiens chromosome 7, GRCh38.p13 Primary Assembly.
ACCESSION   NC_000007 REGION: 5527148..5530601
VERSION     NC_000007.14
DBLINK      BioProject: PRJNA168
            Assembly: GCF_000001405.39
KEYWORDS    RefSeq.
SOURCE      Homo sapiens (human)
  ORGANISM  Homo sapiens
            Eukaryota; Metazoa; Chordata; Craniata; Vertebrata; Euteleostomi;
            Mammalia; Eutheria; Euarchontoglires; Primates; Haplorrhini;
            Catarrhini; Hominidae; Homo.
REFERENCE   1  (bases 1 to 3454)
  CONSRTM   International Human Genome Sequencing Consortium
  TITLE     Finishing the euchromatic sequence of the human genome
  JOURNAL   Nature 431 (7011), 931-945 (2004)
   PUBMED   15496913
REFERENCE   2  (bases 1 to 3454)
  AUTHORS   Lander,E.S., Linton,L.M., Birren,B., Nusbaum,C., Zody,M.C.,
            Baldwin,J., Devon,K., Dewar,K., Doyle,M., FitzHugh,W., Funke,R.,
            Gage,D., Harris,K., Heaford,A., Howland,J., Kann,L., Lehoczky,J.,
            LeVine,R., McEwan,P., McKernan,K., Meldrim,J., Mesirov,J.P.,
            Miranda,C., Morris,W., Naylor,J., Raymond,C., Rosetti,M.,
            Santos,R., Sheridan,A., Sougnez,C., Stange-Thomann,N.,
            Stojanovic,N., Subramanian,A., Wyman,D., Rogers,J., Sulston,J..

  CONSRTM   International Human Genome Sequencing Consortium
  TITLE     Initial sequencing and analysis of the human genome
  JOURNAL   Nature 409 (6822), 860-921 (2001)
   PUBMED   11237011
  REMARK    Erratum:[Nature 2001 Aug 2;412(6846):565]
COMMENT     REFSEQ INFORMATION: The reference sequence is identical to
            CM000669.2.
            On Feb 3, 2014 this sequence version replaced NC_000007.13.
            Assembly Name: GRCh38.p13 Primary Assembly
            The DNA sequence is composed of genomic sequence, primarily
            finished clones that were sequenced as part of the Human Genome
            Project. PCR products and WGS shotgun sequence have been added
            where necessary to fill gaps or correct errors. All such additions
            are manually curated by GRC staff. For more information see:
            https://genomereference.org.
            ##Genome-Annotation-Data-START##
            Annotation Provider         :: NCBI
            Annotation Status           :: Updated annotation
            Annotation Name             :: Homo sapiens Updated Annotation
                                           Release 109.20201120
            Annotation Version          :: 109.20201120
            Annotation Pipeline         :: NCBI eukaryotic genome annotation
                                           pipeline
            Annotation Software Version :: 8.5
            Annotation Method           :: Best-placed RefSeq; propagated
                                           RefSeq model
            Features Annotated          :: Gene; mRNA; CDS; ncRNA
            ##Genome-Annotation-Data-END##
```

位点信息

版本信息

关键词

序列来源

序列文件

作者们

其他信息

评论

注释等

呃，太长了，我们拆开来看看，一共是三个部分，第一部分是序列的来源信息及序列的版本等等，从这些信息中你可以找到提交这个序列所涉及的文献等。

中间的这段信息是较为重要的，这段信息是序列的特性(FEATURES)。什么是特性呢，就是经研究后，这段序列分段的注释：

```
FEATURES
     source

     gene

     mRNA
```

```
Location/Qualifiers
1..3454
/organism="Homo sapiens"
/mol_type="genomic DNA"
/db_xref="taxon:9606"
/chromosome="7"
complement(1..3454)
/gene="ACTB"
/gene_synonym="BRWS1; PS1TP5BP1"
/note="actin beta; Derived by automated computational
analysis using gene prediction method: BestRefSeq."
/db_xref="GeneID:60"
/db_xref="HGNC:HGNC:132"
/db_xref="MIM:102630"
complement(join(1..744,857..1038,1134..1572,2014..2253,
2388..2516,3377..3454))
/gene="ACTB"
/gene_synonym="BRWS1; PS1TP5BP1"
/product="actin beta"
/note="Derived by automated computational analysis using
gene prediction method: BestRefSeq."

/codon_start=1
/product="actin, cytoplasmic 1"
/protein_id="NP_001092.1"
/db_xref="CCDS:CCDS5341.1"
/db_xref="Ensembl:ENSP00000494750.1"
/db_xref="GeneID:60"
/db_xref="HGNC:HGNC:132"
/db_xref="MIM:102630"
```

所在位置

限定词

特性词

我们一个个来解释，首先是特性词（FEATURES），这主要提示的是某段序列的某种性状，如 mRNA，exon 这类都是比较常见的，你按照这个看就明白了。

关键词	含义
gene	已识别为基因或已命名的序列区域
mRNA	信使 RNA
CDS	蛋白质编码序列
exon	外显子
intron	内含子
polyA_site	RNA 转录本的多聚腺苷酸化位点
5'UTR	5’ 非翻译区
3'UTR	3’ 非翻译区

接下来是所在位置（LOCATION），这个比较好明白，就是这段注释所在的位置，但格式也比较复杂。一般会这样表示：

位置	注释
123456	指明序列中的第 123456 个碱基
123..456	指明包括第 123 个碱基到第 456 个碱基在内的一段连续序列
<123..456	指明序列起始于第 123 个碱基之前的某个位置，但起始碱基号之前的特性边界未知
<1..123	指明特性起始于第一个已测序的碱基之前
(123.234)	指明正确位置未知，但包含在 123 号和 234 号碱基之间
(12.34)..567	指明序列特性起始碱基在 12 号和 34 号碱基之间，终止于 567 号碱基

最后是限定词（Qualifiers），这主要是为这个特性提供的信息给出了一个通用机制。比如等位基因、重复序列等等。主要格式就是在斜杠（/）后跟上限定词名称，加上等号（=），其后是限定词的值。

限定词	含义
/allele=	给定基因的等位基因
/bound_moiety=	嵌合范围
/cell_type=	获得序列的细胞类型
/citation=	已被引用的参考文献数
/clone_lib=	获得序列的克隆文库
/codon_start=	相对于序列第一个碱基，编码序列密码子的偏移量

好，我们看看 Actin 的这一段的描述，特性词 mRNA，位置在包含了 1-744，857-1038，1134-1572，2014-2253，2388-2516，3377-3454 的连续序列，特性词：基因是“*ACTB*”，基因别名包括“*BRWS*1”和“*PS*1*TP*5*BP*1”，产物名称是 β-Actin。

```
mRNA            complement(join(1..744,857..1038,1134..1572,2014..2253,
                2388..2516,3377..3454))
                /gene="ACTB"
                /gene_synonym="BRWS1; PS1TP5BP1"
                /product="actin beta"
```

第三部分，就到了序列本身（ORGIN）了，Gene bank 的序列是 10 个一组的，为什么要 10 个一组呢？就是为了让你更快地找到特性词所在的位置。

```
ORIGIN
        1 tcatttttaa ggtgtgcact tttattcaac tggtctcaag tcagtgtaca ggtaagccct
       61 ggctgcctcc acccactccc agggagacca aaagccttca tacatctcaa gttgggggac
      121 aaaaaagggg gaaggggggg cacgaaggct catcattcaa aataaaacaa aataaaaaag
      181 tattaaggcg aagattaaaa aaattttgca ttacataatt tacacgaaag caatgctatc
      241 acctcccctg tgtggacttg ggagaggact gggccattct ccttagagag aagtggggtg
      301 gcttttagga tggcaaggga cttcctgtaa caacgcatct catatttgga atgactatta
      361 aaaaaacaac aatgtgcaat caaagtcctc ggccacattg tgaactttgg gggatgctcg
      421 ctccaaccga ctgctgtcac cttcaccgtt ccagttttta aatcctgagt caagccaaaa
      481 aaaaaaaaaa aaccaaaaca aaacaaaaaa aacaaataaa gccatgccaa tctcatcttg
      541 ttttctgcgc aagttaggtt ttgtcaagaa agggtgtaac gcaactaagt catagtccgc
      601 ctagaagcat ttgcggtgga cgatggaggg gccggactcg tcatactcct gcttgctgat
      661 ccacatctgc tggaaggtgg acagcgaggc caggatggag ccgccgatcc acacggagta
      721 cttgcgctca ggaggagcaa tgatctgagg agggaagggg acaggcagtg aggaccctgg
      781 atgtgacagc tccccacaca ccacaggacc ccacagccga cctgcccagg tcagctcagg
      841 caggaaagac acccaccttg atcttcattg tgctgggtgc cagggcagtg atctccttct
      901 gcatcctgtc ggcaatgcca gggtacatgg tggtgccgcc agacagcact gtgttggcgt
      961 acaggtcttt gcggatgtcc acgtcacact tcatgatgga gttgaaggta gtttcgtgga
     1021 tgccacagga ctccatgcct gagagggaaa tgagggcagg acttagcttc cacagcacag
     1081 ccccgagggg taaccctcat gtcaggcaga gccgggagac agtctccact cacccaggaa
     1141 ggaaggctgg aagagtgcct cagggcagcg gaaccgctca ttgccaatgg tgatgacctg
```

好了，能看懂序列信息了吧？

如何看懂文献里的那些图（7）

在 Meta（荟萃）分析文章中，经常可以看见这样的图：

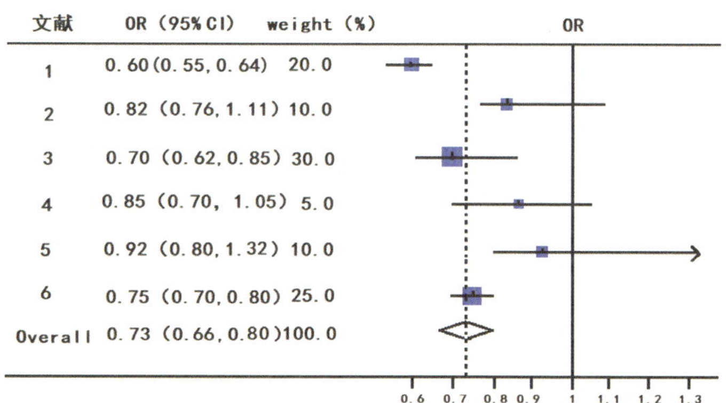

这个是森林图，是 Meta 分析中常用的结果表达形式。它是以统计指标和统计分析方法为基础绘制出的图。是一个平面直角坐标系，中间有一条垂直横坐标的无效线（横坐标为 1 或 0），短横线代表每个研究的效应值的 95% 可信区间；横线上的点代表效应值的点估计；方框代表每个研究占所有研究的权重大小；横线上出现箭头表示超出显示范围；菱形为所有研究的总体结果，菱形中心为总体结果的效应值，用虚线标出；菱形的宽度为总体结果的 95% 可信区间。

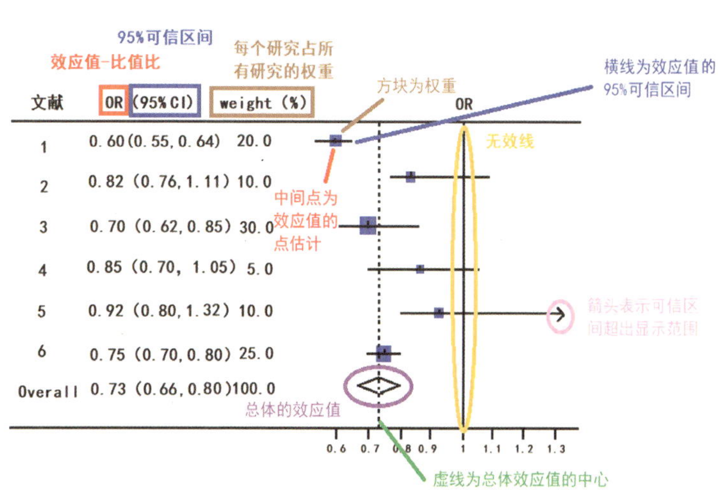

森林图效应量的指标主要分为两种，一种为二分类变量，就是结局只有 2 种可能性，例如生存和死亡。

常见的二分类变量的效应量包括：比值比（odds ratio，OR），风险比（risk ratio, RR），风险比HR（hazard ratio，HR）。

OR 也叫优势比，是病例对照研究中暴露与疾病之间关联强度的指标，主要指病例组中暴露人数与非暴露人数的比值除以对照组中暴露人数与非暴露人数的比值。病例对照研究中，由于分组根据病例组和对照组设计样本数，无法统计真实发病率，所以 OR 只适合回顾性研究。

	肺癌	不肺癌
吸烟	A	B
不吸烟	C	D

OR=(A/C)/(B/D)

RR=[A/(A+B)]/[C/(C+D)]

RR 也叫作 relative risk，即相对危险度，是队列研究中反映暴露与疾病关联强度的指标，主要指暴露组中发病率是非暴露组发病率的多少倍。队列研究是一开始就随机选定了样本，可以得到真实发病率，所以 RR 适用于前瞻性研究。

HR 也是风险比，与 RR 类似，但是它相对于 RR 多了个时间因素，HR= 暴露组的风险函数 $h1$（t）/ 非暴露组的风险函数 $h2$（t），t 指在相同的时间点上，风险函数指瞬时发病率。Cox 比例风险模型可以得到 HR。

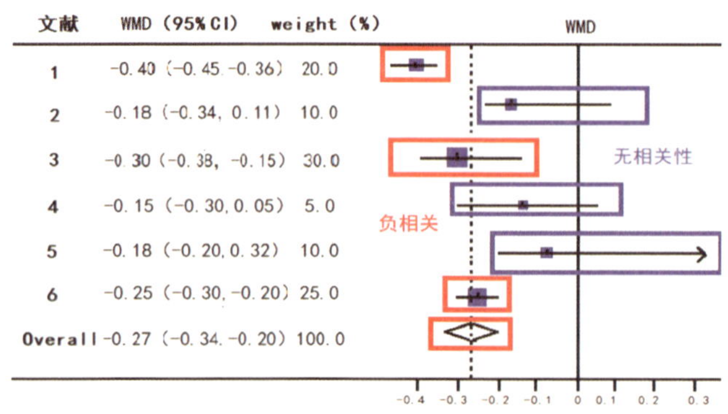

二分类变量的效应量，在森林图中它的无效线坐标为 1，每个研究结果可信区间与无效线相交说明无相关性，如果可信区间在无效线的右边或者左边，说明呈正相关或负相关。

另一种为连续性变量即数值变量，其数值连续不断，例如体重。常见的连续性变量的效应量包括：可选择加权数差（weighted mean difference，WMD）、标准化均数差（standardised mean difference，SMD）。

WMD 为实验组平均数减去对照组平均数的差值。WMD 消除了绝对值大小的影响，一般用于测量方法和度量衡单位相同的研究中。

SMD 为两组的均数差除以标准差。一般在测量方法和度量衡单位不同，或均数差异过大（一般 10 倍以上）时，选择该方法。

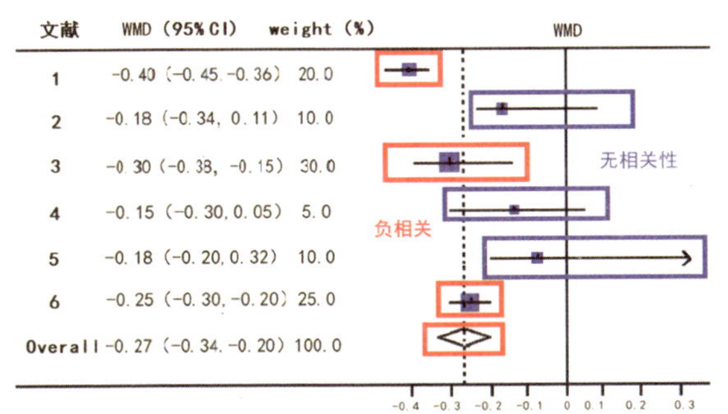

连续性变量的效应量，在森林图中它的无效线坐标为 0，每个研究结果可信区间与无效线相交说明无相关性，如果可信区间在无效线的右边或者左边，说明呈正相关或负相关。

森林图也可用来做亚组分析，就是增加了暴露因素，比如年龄、性别等，在同一张图中对多个因素的效应量进行分析和表现。

Subgroup	Number	Clopidogrel plus Aspirin	Aspirin	Hazard Ratio（95%CI）	P Value for Interaction
Overall	5000	100（5.0）	150（6.0）	0.75（0.60–0.95）	
Age					0.76
＜60	2600	40（4.6）	80（6.2）	0.70（0.50–0.98）	
≥60	2400	60（5.4）	70（5.8）	0.80（0.53–1.12）	
Sex					0.32
Female	2100	50（4.7）	80（6.2）	0.71（0.50–1.97）	
Male	2900	70（5.2）	70（5.8）	0.80（0.58–1.11）	
Region					0.87
US	4000	100（5.1）	130（6.8）	0.74（0.55–0.97）	
Other	1000	20（4.4）	20（5.3）	0.77（0.43–1.42）	

绘制森林图可以用很多软件，比如 RevMan；统计软件也可以，比如 R 语言也有 forestplot 包，毕竟一 R 在手，天下我有；当然，Excel 也具有绘制该图的功能。这里就不进行详细描述了。

如何看懂文献里的那些图（8）

要速读文献，首先要熟悉的是文献中的各种图，需要修炼一眼就能看懂图的本领。比如下面这张图：

这是自噬研究中最常见的图，要怎么样才能一眼就看懂呢？首先我们要了解这张图所涉及的自噬研究的工具。

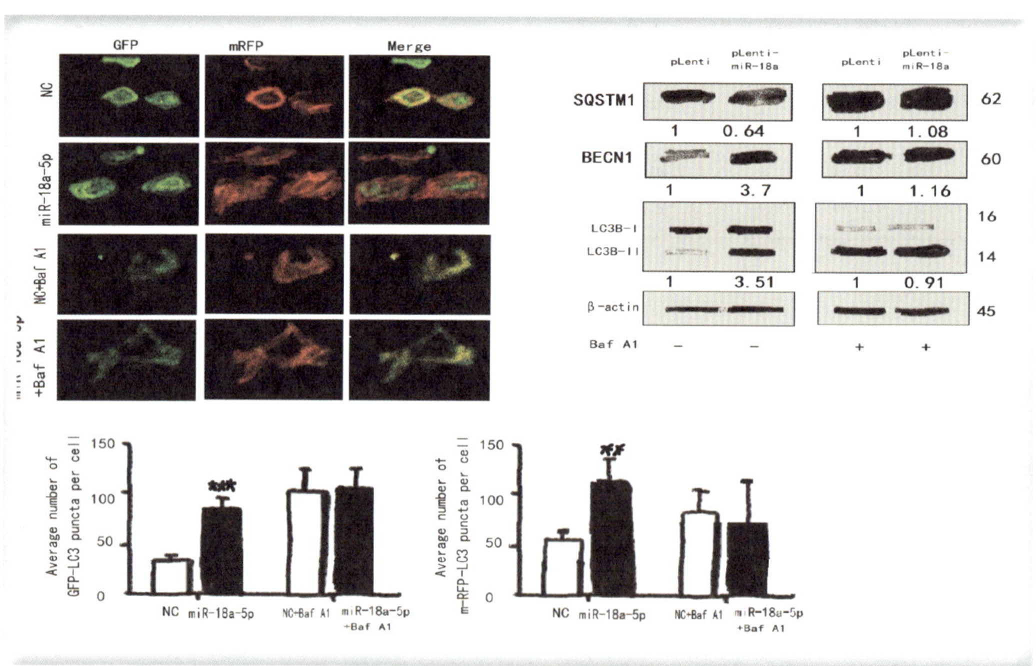

上面这个荧光图片，采用的工具叫作 GFP/mRFP-LC3，是一种质粒或者慢病毒过表达带两个融合蛋白的 LC3，因为 LC3 是自噬体膜形成的关键。

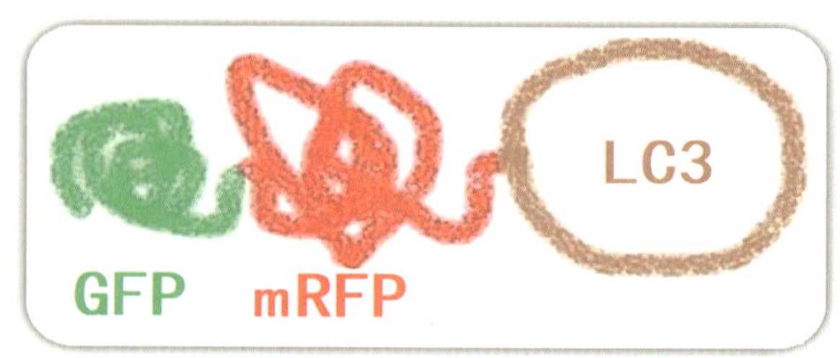

所以，过表达 GFP/mRFP-LC3 后，这个融合两个荧光蛋白的 LC3 会包在自噬体表面。

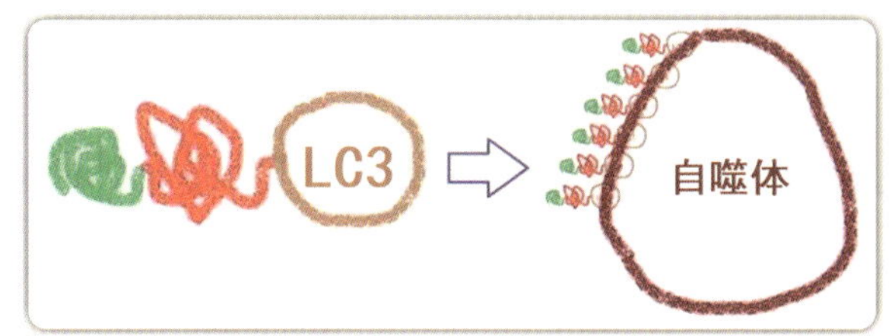

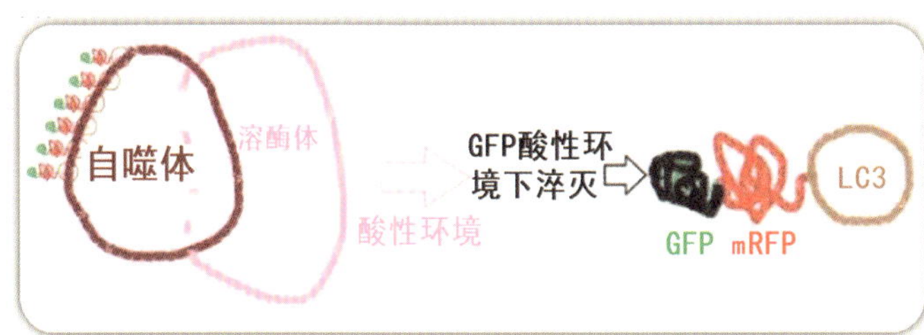

当自噬体和溶酶体结合，开始自噬的时候，对酸性敏感的 GFP，荧光会被淬灭掉，也就是绿色荧光会变弱，但是红色的不变。

于是就会有这样的效果，就是自噬增强后，Merge 的图里，绿色会变少。

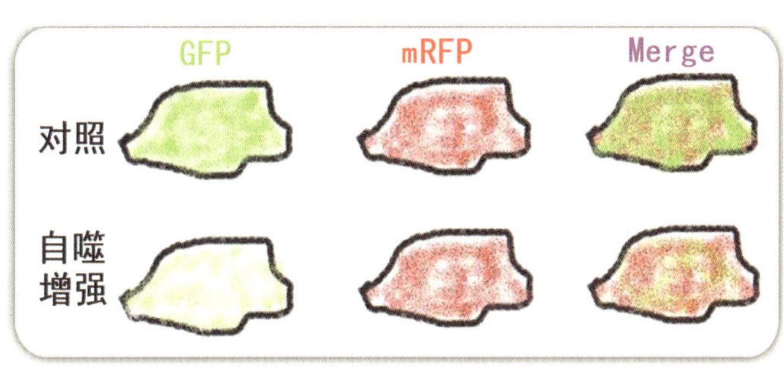

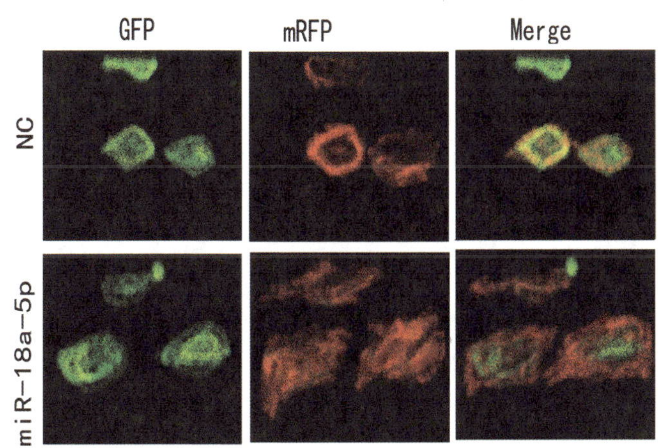

我们回到刚才的图，可以看到，加入这个 miRNA 后，Merge 图里的绿色荧光变弱。那为啥 GFP 的图里好像没变？估计是贴图的曝光时间不一致吧，太短可能单一荧光会看不清，所以需要通过 Merge 图来分析自噬变化。

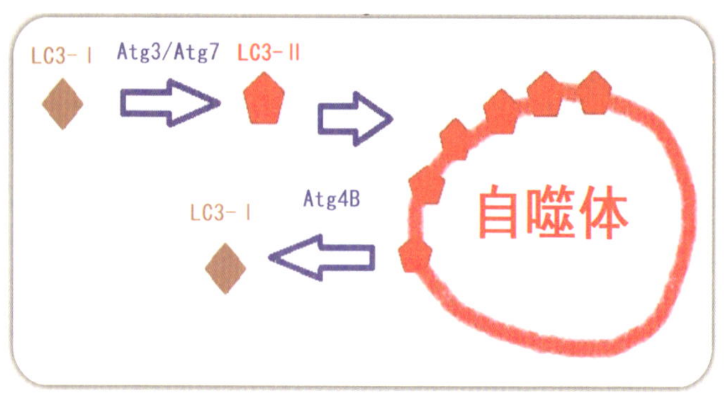

还有一种技术是自噬研究中最常见的，就是LC3的两种形态。LC3-I在Atg3/ Atg7的作用下会变成LC3-II。而LC3-II是形成自噬体膜的关键，当自噬体降解后，LC3-II会在Atg4B的作用下还原成LC3-I。是不是有点绕？

你只需要记住，LC3-II增多代表自噬形成增加，LC3-I增多代表自噬减弱。

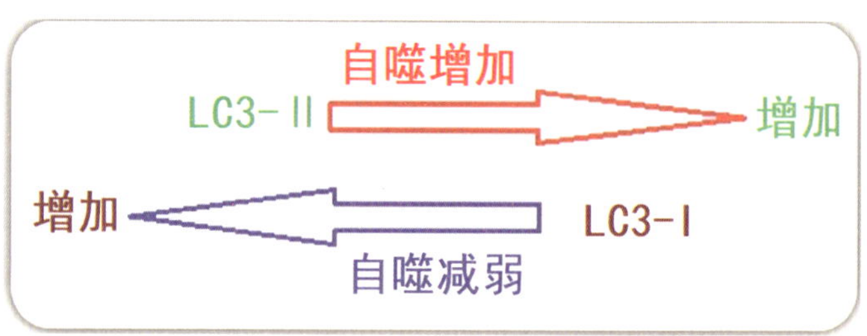

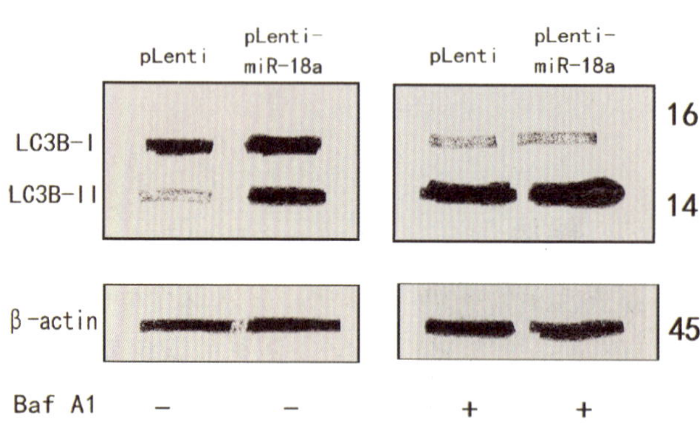

于是我们回头看那张图，这里的Baf A1（巴弗洛霉素A1）是自噬抑制剂，它的功能是抑制自噬体和溶酶体结合，所以加了Baf A1后LC3-II不会被降解还原成LC3-I，而是累积在那里。不加Baf A1的情况下，可以看出，加入这个miRNA后，LC3-II增多，自噬增强。

夏老师：现在你应该也能快速了解自噬的文献中最常见的这种图是怎么回事了吧？这个图所在的文献是：

OPEN

MicroRNA-18a-5p functions as an oncogene by directly targeting IRF2 in lung cancer

Lung cancer in the major form of cancer resulting in cancer-related mortality around the world. MicroRNAs are endogenous small non-coding single-stranded RNAs, which can engage in the regulation of gene expression. In this study, miR-18a-5p significantly upregulated in non=small cell lung cancer (NSCLC) tissues and NSCLC cell lines, suggesting an oncogenic function in lung cancer. Additionally, miR-18a-5p can promote carcinogenesis by directly targeting interferon regulatory factor 2 (IRF2). Further experiments indicated that IRF2 can increase cell apoptosis, inhibit cell proliferation and migration ability. Our study demonstrates that miR-18a-5p promotes autophgy in NSCLC. Collectively, these results indicate that miR-18a-5p can not only promote NSCLC by suppressing IRF2, but also will be a promising target in the near future.

发表在 *Cell Death and Disease*（IF=5.378）。

如何看懂文献里的那些图（9）

夏老师之前给大家讲了如何看懂 Western，包括 CoIP 等的图（当然我知道你们肯定已经不记得了）。这次要给你们讲的是免疫荧光，比如这样的：

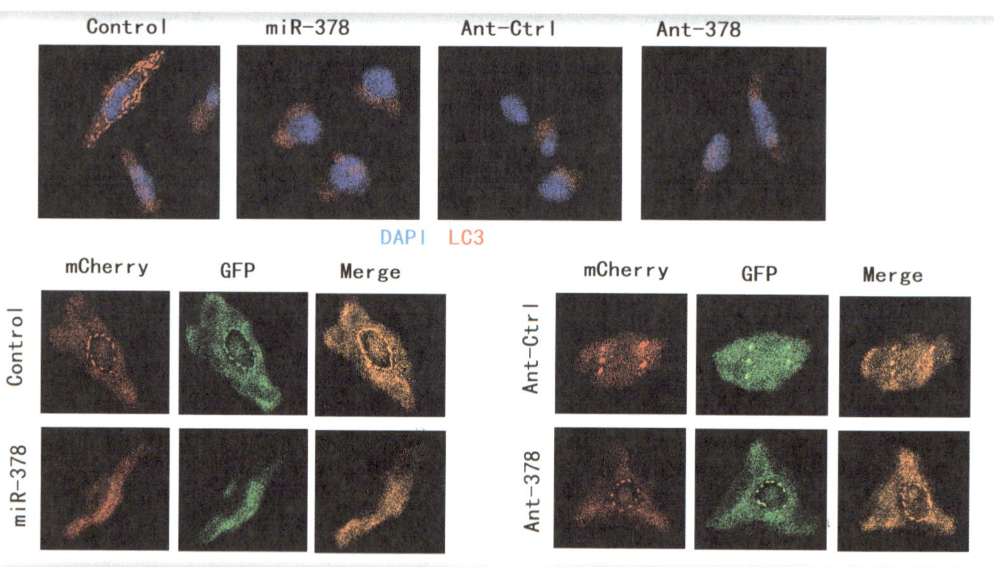

或者这样的：

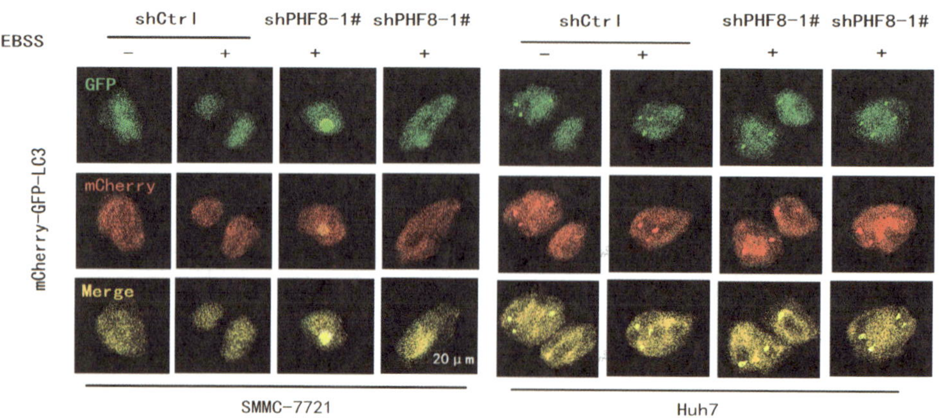

这种图在文献里也是很常见的。最基础款的是对基因表达进行细胞定位的：

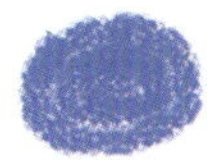

DAPI 染核

染某个基因
免疫荧光

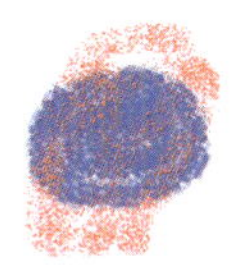

Merge 合并

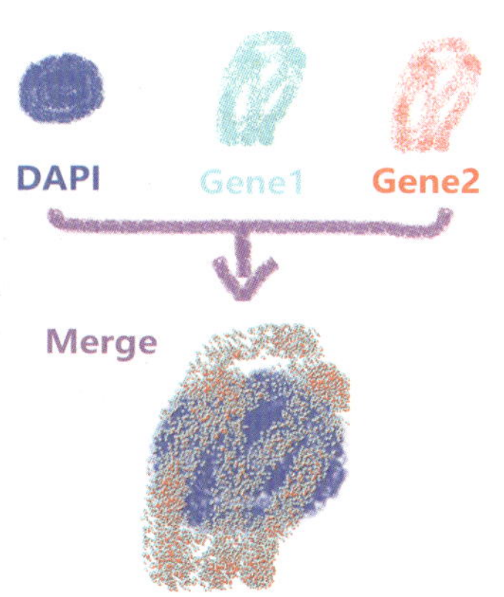

一般会以 DAPI 来进行核染色，主要是为了区分基因表达位置是在核里还是在细胞质上。当然还有更多别的标记，比如细胞骨架标记等。这只是单基因表达位置的标识图，用不同的荧光也能做不同基因的表达位置：

几种基因重叠在一起的话，就是基因的共定位，一般来说，会认为在细胞中有共定位的基因，可能会有相互作用或者有些什么样的关联。

再深入一点的免疫荧光，一般最常见的就是在自噬的研究中。自噬研究有一种工具，叫作“mCherry-GFP-LC3”。这种工具是双标的 LC3，大家都知道，自噬开始前 LC3 会被招募形成自噬体。这个时候，双标的荧光混合在一起会显示黄色。但溶酶体结合上自噬体后，自噬体本身就呈现出酸性，在酸性条件下，GFP 会被淬灭掉，整个双标的 LC3 就会显示红色了。到最终，自噬完结，全部被降解，就啥荧光都没了。

mCherry-GFP-LC3

自噬开始后，溶酶体结合，
呈酸性环境，GFP淬灭

自噬结束，都降解

一般在文献里会这样表示：

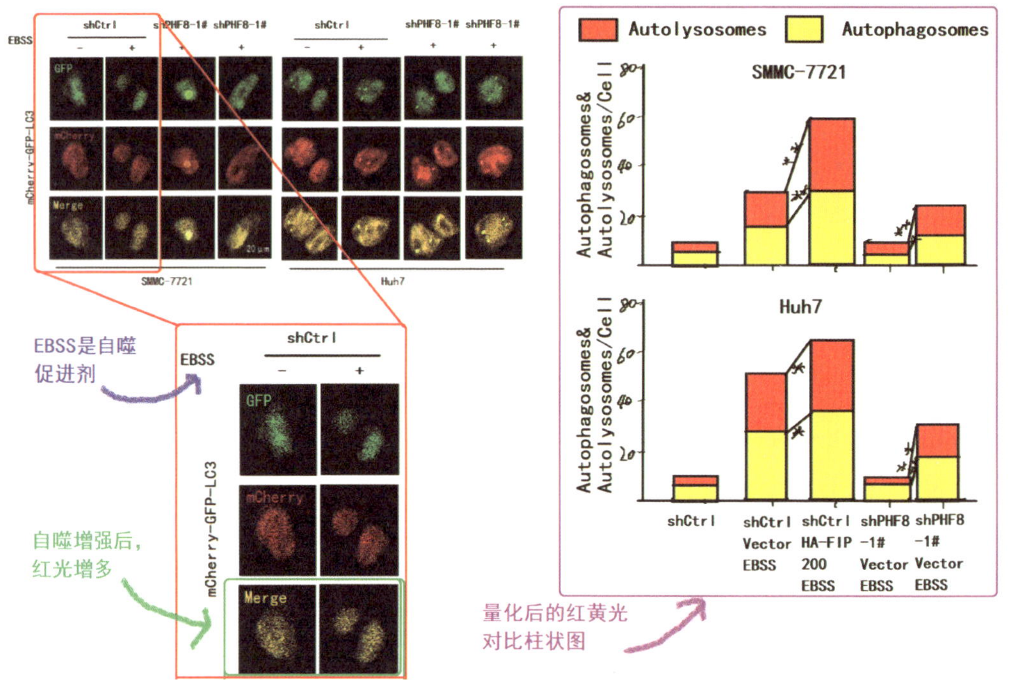

在文献中，一般会采用自噬促进剂或者抑制剂来进行驱动和抑制自噬，可以很明显地看到，加入自噬促进剂后，对照中荧光由黄转红，绿色荧光强度会明显下降。有时候，也会用柱状图来进一步表示。

好了，这样的图应该能看懂了吧。这次就给你们说到这里吧，祝你们心明眼亮。

如何看懂文献里的那些图（10）

我叫林平之，是夏老师的师弟。今天要讲的是文献里的一件事情，因为，我经常能在文献里看到这样的图：

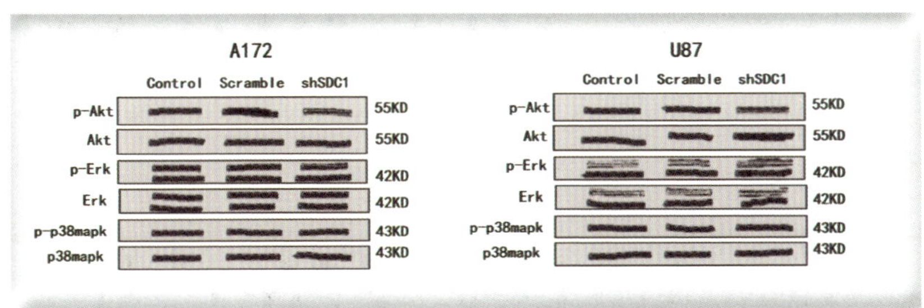

为啥要做这样的蛋白呢？凭什么做这俩蛋白呢？明星分子？为啥这俩才算是明星分子呢？

夏老师：呃，其实吧，之前我给你讲过一个原理，叫作六度空间原理。1967 年，美国心理学家米尔格兰姆设计了一个连锁信件实验，他把一些信随机交给一些美国市民，然后让他们通过朋友把信交还给他，这封信最多就转了六次手。所以他提出了这样的理论，也就是世界上两个不相关的人之间，最多隔了六个人。

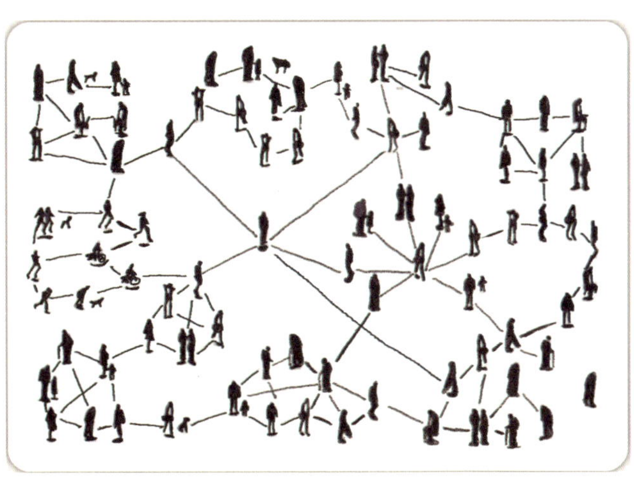

蛋白之间的相互关系其实也是类似的，虽然看似不相关的两个蛋白，其实通过信号通路可能就变得相关起来。但有一点在六度空间理论里没有明确，就是最后拿到大多数信并交还给心理学家的，都是他的一个股票经纪人。因为这个股票经纪人人脉非常广，几乎所有人都认识他。

也就是说，在整个人际网络中有个把人掌握了最大的相关性资源：

如果我们需要图上左上角的人和右下角那个人联络的话，就需要这样：

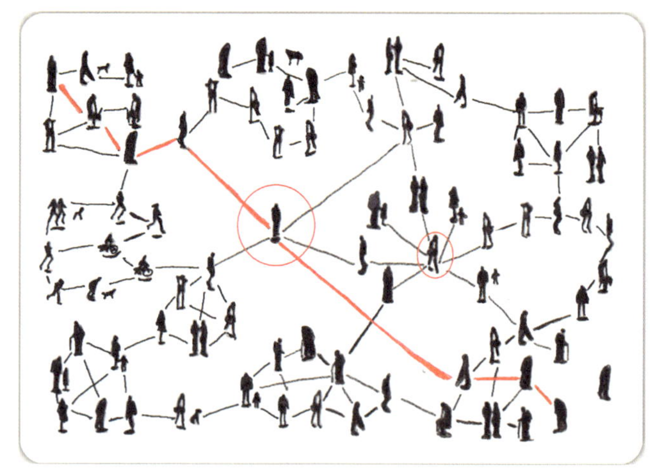

但是如果失去这两个掌握较多人脉的关键角色后，左上角那个人要联络到右下角那位，就需要这样了：

所以，掌握关键节点最多的那个，在基因层面，就被称为明星分子。

大家都知道，传统的信号通路都是这样的，不知道的话，如果你买了《实验万事屋》，请翻到第 69 页，这样的话你就能了解，所有信号通路大概都是类似这样：

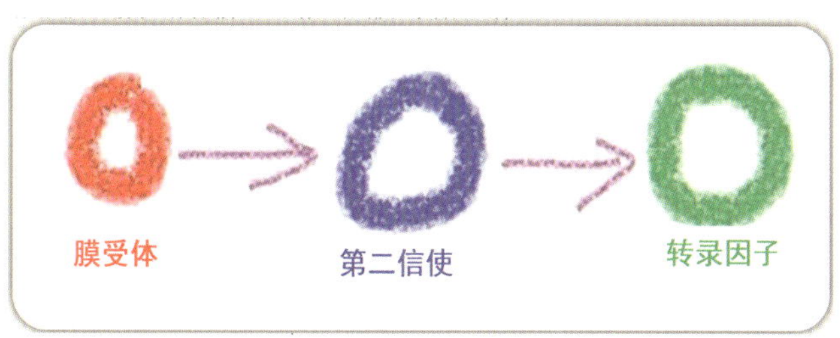

这样看的话，其实第二信使掌握着信号传递的关键，比如 MAPK 信号通路里的 Ras 和 ERK：

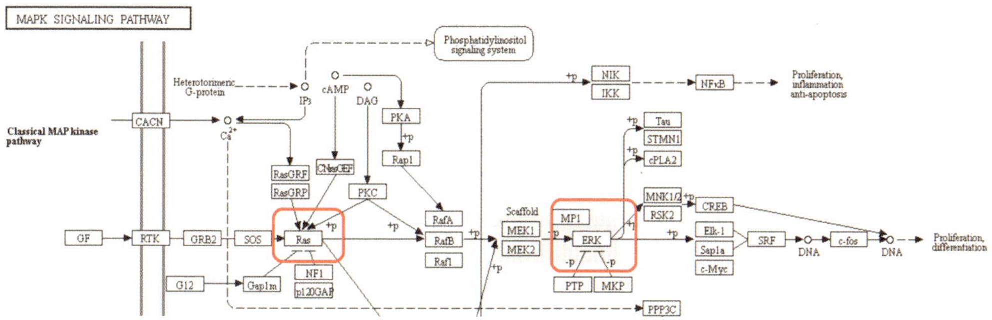

但其实很多时候，信号通路复杂起来会是这样的：

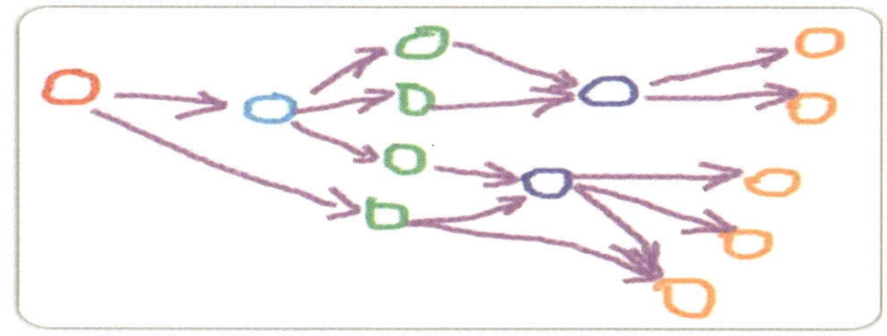

所以，一般的文献会选取那些有更多关键节点的基因作为明星分子，在文章里进行验证。毕竟牵一发可以动全局，就像是 AKT 和 PIK3CA 这样：

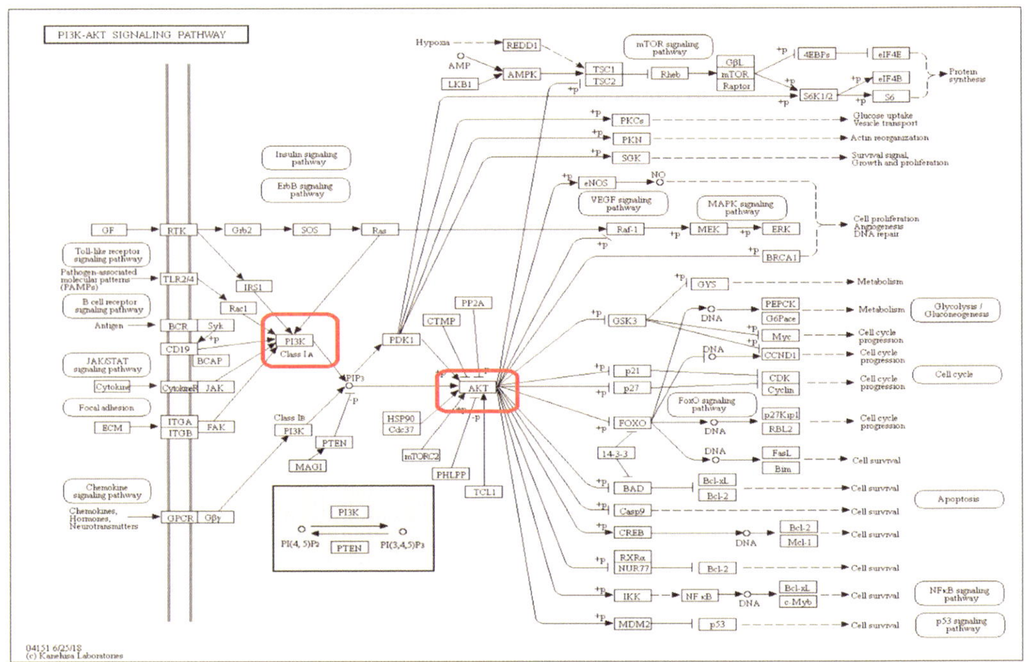

现在你明白为什么文章里会选取明星分子了吧。

夏老师：5 分及 5 分以下的文章，经常会做类似的明星分子的验证，因为你研究的基因如果直接影响了这些明星分子的表达或者磷酸化，就会对后续产生更大的影响。

如何看懂文献里的那些图（11）

有很多同学都想要发“低端”的文章哈，那问题来了，如何在文章里做出一张张令人闻风丧胆的“烂”图呢？

下面就给你们介绍六个做“烂”图的原则。

做“烂”图的第一个原则：

1. 省信息

没错，就是把图上的信息，能精简的精简，精简到大家都看不懂为止，才是一张上乘的“烂”图，比如这样：

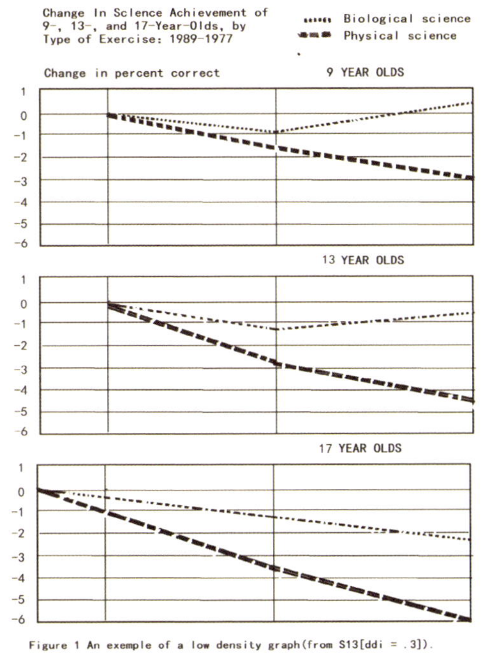

Figure 1 An exemple of a low density graph(from S13[ddi = .3]).

乍一看，让人根本不知道这图要表达什么意思，即使右上角有图例，也会不知所云。

做“烂”图的第二个原则：

2. 留空白

对，在图上留下的空白越多，让人越看不懂，这张图就越“烂”。比如下面这篇文章：

Graphics for the Multivariate Two-Sample Problem

Some graphical methods for comparing multivariate samples are presented. These methods are based on minimal spanning tree techniques deveped for multiavriate two sample tests. The utility of these is illustrated through examples using both real and artificaial data.

KEY WORDS: Two-sample testing; Multivariate graphics; P-P plotting; Multidimensional scaling; Minimal spanning trees.

看上去挺正规的文章，这里面的图片就是让你捉摸不透：

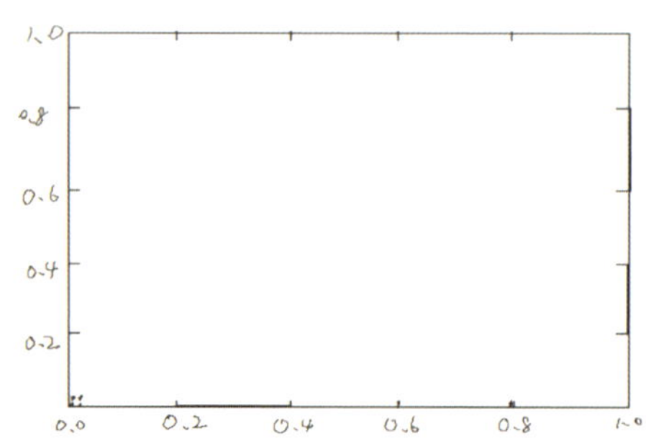

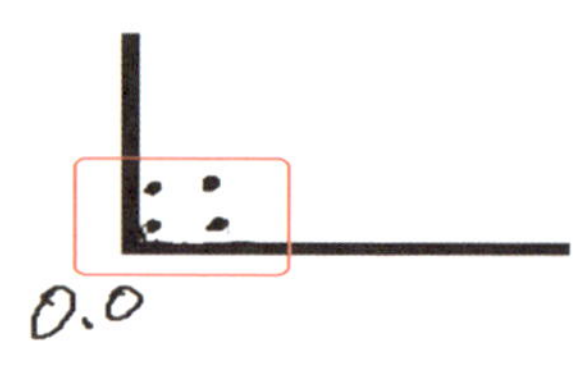

你会说：哇！为什么他在这里放了一张空白的图片呢？是为了让读者对着貌似哲学的问题进行深刻的思考吗？其实你是没仔细看，我把左下角放大一下，就是右边这张图了。

没错，这个图主要显示的数据就是这四个点。当然这样的图并不是特例。

Am. J. Hum. Genet. 76: 967-986, 2005

Rational Inferences about Departures from Hardy-Weiberg Equilibrium

Previous studies have explored the use of departure from Hardy-Weinberg equilibrium (DHW) for fine mapping Mendelian disorders and for general fine mapping. Other studies have used Hardy-Weinberg tests for genotyping quality control. XXXXXXXXXXXXXXXXXXXXXXXXXXXXXXXXXXXXXXXXXXXXXXXXXXXXXX XXXXXXXXXXXXXXXXXXXXXXXXXXXXXXXXXXXXXXXXXXXXXXXXXXXXXXXXXXXXXXXXXXXXXXXXXXXXXXXXXXXXXXXXXXXXXXXXXXXXXXXXXX XXXXXXXXXXXXXXXXXXXXXXXXXXXXXXXXXXXXXXXXXXXXXXXXXXXXXXXXXXXXXXXXXXXXXXXXXXXXXXXXXXXXXXXXXXXXXXXXXXXXXXXXXX XXXXXXXXXXXXXXXXXXXXXXXXXXXXXXXXXXXXXXXXXXXXXXXXXXXXXXXXXXXXXXXXXXXXXXXXXXXXXXXXXXXXXXXXXXXXXXXXXXXXXXXXXX XXXXXXXXXXXXXXXXXXXXXXXXXXXXXXXXXXXXXXXXXXXXXXXXXXXXXXXXXXXXXXXXXXXXXXXXXXXXXXXXX.

再比如上面这篇文章里的图片，也会让你觉得，是不是印刷厂油墨不太够：

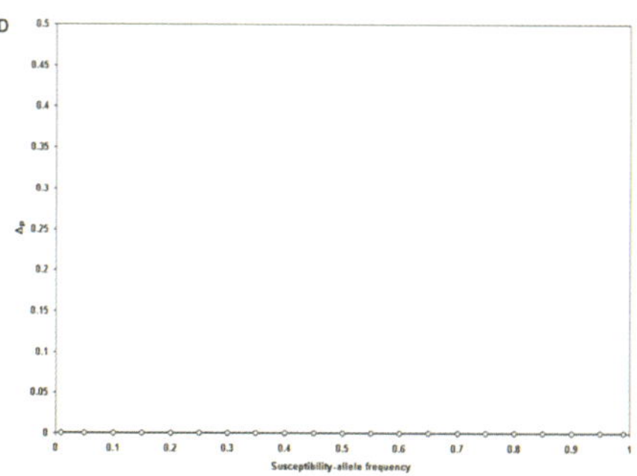

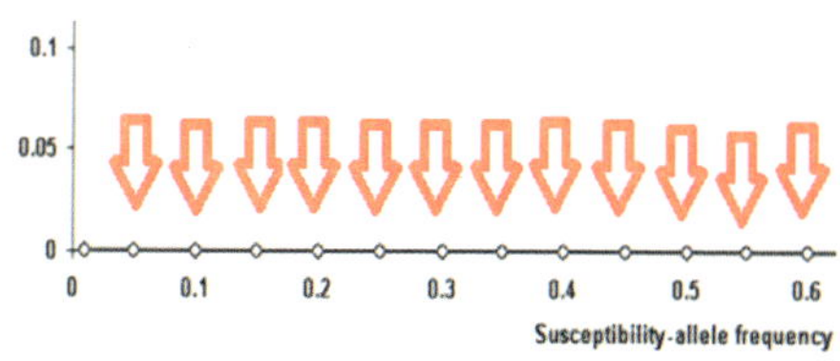

实际上，数据点都趴在地上……

做“烂”图的第三个原则：

3. 少对比

是的，能不比较就不比较，能没差异尽量就别显示差异，比如这篇文章：

Regeneration in Markov Chain Samplers

Markov chain sampling has recently received considerable attention, in particular in the context of Bayesian computation and maximum likelihood estimation. This article discusses the use of Markov chain splitting, originally developed for the theoretical analysis of general state-space Markov chains, to these samplers and can provide a useful diagnostic of sampler performance. The approach is applied to several samplers, including certain Metroplis that can be used on their own or in hybrid samplers, and is illustrated in several examples.

要拿出“这个‘烂’图，你要是能看懂，就算我输”的气势：

你是不是奇怪，这画俩斜线干吗？其实不干吗，你要是仔细看的话，就知道这两条线不是斜线，是数据点加上趋势线，但是由于 R^2 基本上等于 1（这完全符合做“烂”图的第一个原则），所以你基本看不出来什么内容。让你根本对比不出来这其中的差异。

做“烂”图的第四个原则：

4. 瞎对照

没错，一切对照不均一的图，都符合“瞎对照”这个原则，比如这篇文章：

JOURNAL OF VIROLOGY, Aug, 2001, p. 7774-7777　　Vol. 75, No. 16

Role for p53 in Gene Induction by Double-Stranded RNA

Cross talk between p53 and interferon-regulated pathways is implicated in the induction of gene expression by biologic and genotoxie stresses. We demonstrate that the inferferon-stimulated gene ISG15 is induecd by p53 and that p53 is required for optimal gene induction by double-stranded RNA (dsRNA), but not interferon. Interestingly, virus induces ISG15 in the absence of p53, suggesting that virus and dsRNA employ distinct signaling pathways.

这篇文章里的图差不多就是这样：

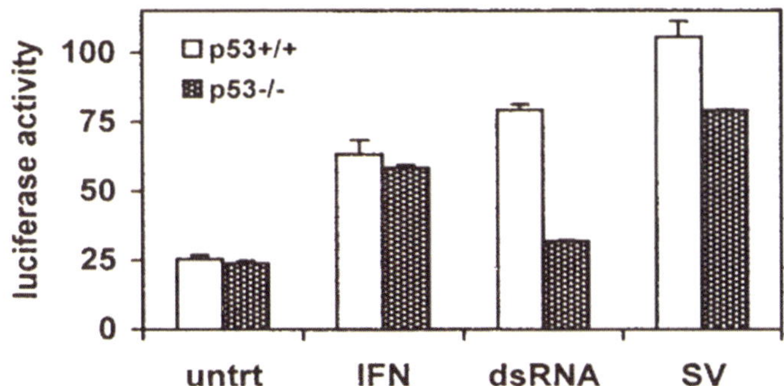

FIG. 4. ISG15 promoter activity mimics endogenous ISG15 mRNA regulation by p53, dsRNA, and virus. Cells (6×10^5 HCT 116) were seeded in 32-mm plates and allowed to attach overnight. Cells were transfected with 500 ng of pGL3/ISG15-Luc, 50 ng of pRL null (Promega), and 450 ng of pcDNA3 for carrier DNA by using Lipofectamine Plus (Life Technologies) following the manufacturer's instructions. Twenty-four hours posttransfection, the medium was aspirated and replaced with medium containing either 1,000 U of IFN-α/ml, 50 μg of dsRNA/ml, or Sendai virus (multiplicity of infection, 10). Cells were incubated for 12 h and then lysed, and luciferase assays were performed. Luciferase activity was assessed on 20 μl of each lysate as directed by the supplier (Dual Luciferase Kit, Promega) using

用 p53 阴性作为对照，但这阴性对照又没归一（normalization），让你根本不知道这里面有啥变化。

做“烂”图的第五个原则：

5. 乱糟糟

图片要多乱有多乱，让人根本分不清到底什么是什么，也看不出趋势，更不知道哪个是主线，这就是这条原则的精髓。比如下面这篇文章：

Statistical Science
1994, Vol. 9, No. 2, 222-278

DNA Fingerprinting: A Review of the Controversy

Forensic scientists have used genetic material (DNA) as evidence in criminal cases such as rape and murder since the middle of the last decade. The forensic scientist's interpretation of hte evidence, however, has been subject to some criticism, especially when it involves statistical issues(including relevant areas of population genetics in the realm of statistics). These issues include the appropriate method of summarizing data subject to measurement error, indeoendence of events in aDNA pattern or profile;characterization of heterogeneity of populations; XXXXXXXXXXXXXXXXXXXXXXXXXXXXXXXXXXXXXXXXXXXXXXXXXXXXXXXXXXXXXXXXXXXXXXXXXXXXXXXXXXXXXXXXXXXXXXXXXXXXXXXXXXXXXXXXXXXXXXXXXXXXXXXX.

这里面用丝带图来表现后现代主义倡导多维视角和多元概念，反对包揽一切的宏大叙事结构，主张以相对主义、多元主义的方法论立场看待真理和认识世界……

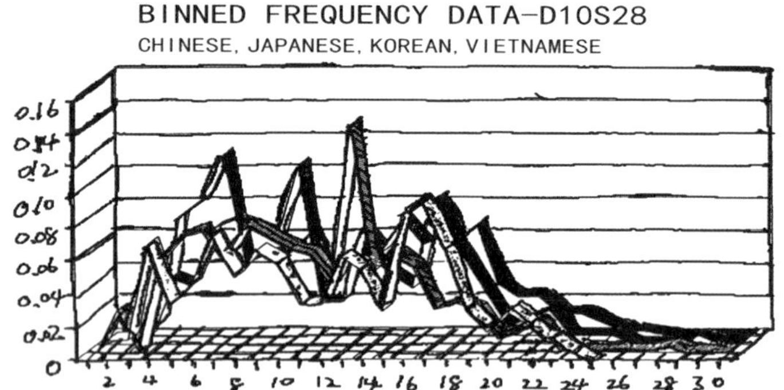

好吧，我编不下去了……

最后的特别原则，就是：

6. 用表格

明明能用图片的，就坚决要用表格，比如：

Biometrics JOURNAL OF THE INTERNATIONAL BIOMETRIC SOCIETY

Nonignorable Missingness in Matched Case-Control Data Analyses

这篇文章里的这个表格基本上能让你瞎：

Table 5

Simulation results for using full data,CRs only,and proposed method under four missing mechanisms

	Bias[a]		Variance[b]		95% CI[c]	
Method	βw	βX	βw	βX	βw	βX
			(M.1)P(R=1)=0.66			
Full	0.01346	0.02229	0.04008	0.03685	0.955	0.950
Comp	0.03062	-0.003561	0.1149	0.06732	0.960	0.955
Impu	0.01431	0.021	0.04088	0.05169	0.980	0.975
			(M.2)logitP(R=1)=2Y			
Full	0.007908	-0.02116	0.03838	0.03624	0.975	0.925
Comp	0.01945	0.07096	0.107	0.06581	0.960	0.950
Impu	0.006966	0.01597	0.04227	0.05226	0.975	0.985
			(M.3)logitP(R=1)=2X			
Full	0.007908	-0.02116	0.03838	0.03624	0.975	0.925
Comp	0.01225	0.0589	0.08856	0.06818	0.980	0.975
Impu	0.006966	-0.04699	0.03865	0.04923	0.985	0.970
			(M.4)logitP(R=1)=X+Y			
Full	0.01346	0.02229	0.04008	0.03685	0.955	0.950
Comp	0.02404	1.613	0.1102	0.08202	0.955	0.580
Impu	0.01814	0.08289	0.0578	0.06075	0.995	0.970

[a]Bias= $(\beta-\beta_0)/\beta_0$

[b]Simulation variance.

[c]Confidence interval using jackknife standard error.

好了，告诉了大家这么多做“烂”图的方法，并不是真的要大家去学会做一张让人闻风丧胆的“烂”图，而是要你们自己都认认真真去考虑反省，自己的文章里的图片是否能够清晰地表达出想要表达的意思，避免以上的这些所谓“烂图原则”。

这次就先说到这里吧。祝你们心明眼亮。

如何看懂文献里的那些图（12）

你说你们找到那么多“神器”有什么用，估计你们连图都未必看得懂。有一天有学生问我，GEPIA 上这个图是啥？上面的 F 值又是什么？

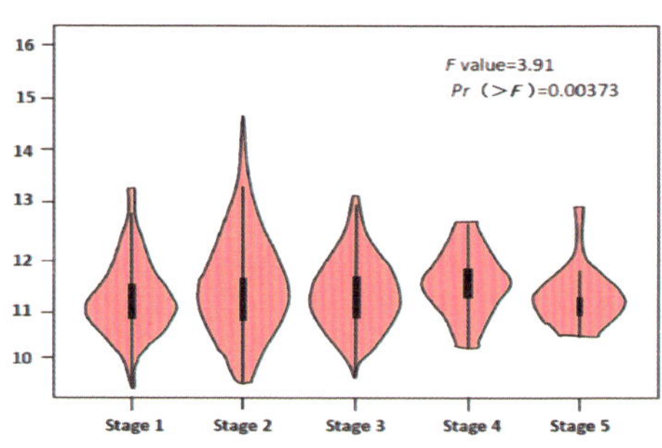

GEPIA
Gene Expression Profiling Interactive Analysis
单基因分析 癌症类型分析 多基因分析
输入基因名称:
搜索框中的指标是“符号”或别名（最新符号）。
Gofia!
剖面 箱 图阶段情节 生存分析 类似

那只能由讲文献的夏老师来给你们讲讲这个图了。首先你们要知道 GEPIA 是个神奇工具，还真的算是神奇工具了。

因为可以分析差异基因，可以看表达，生存曲线，等等。

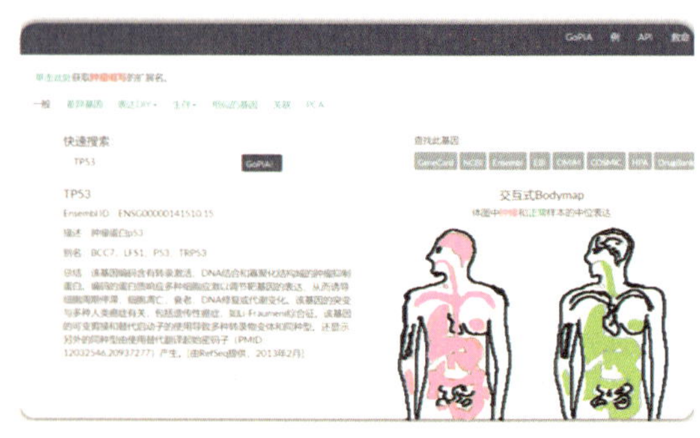

在肿瘤的基因表达上，会发现这样一个分析病理分级的图形制作工具：

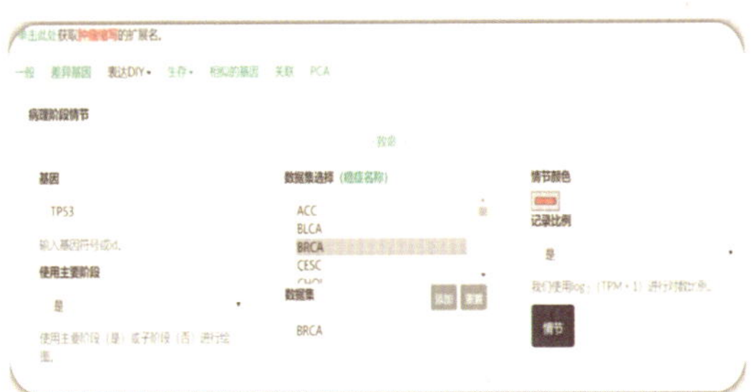

生成的图，就差不多是这样：

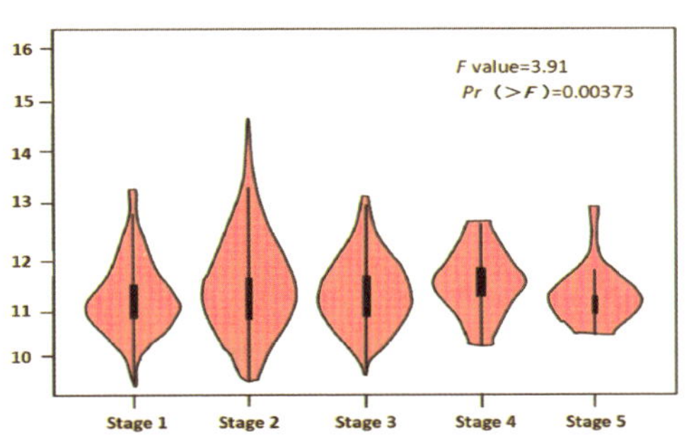

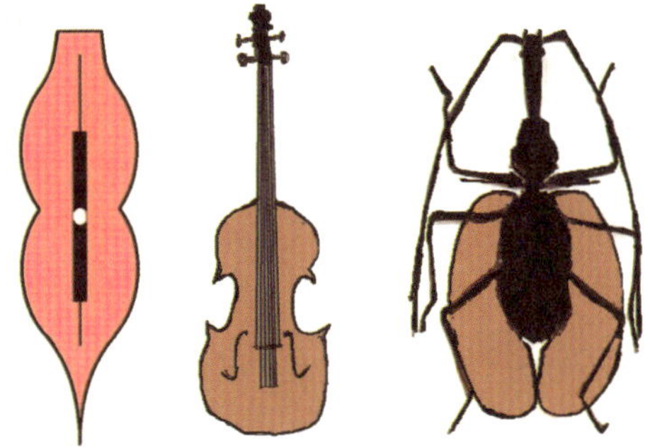

这个图实际上还挺常见的，叫小提琴图，因为看长相会让你觉得是小提琴，实际上我觉得更像是小提琴步甲。

那问题来了，小提琴图要怎么看？

小提琴图其实是箱状图和密度图的杂交。首先这个病理分级的小提琴图横坐标就是病理分级，纵坐标其实是基因表达量，看的就是不同病理分级样本的基因表达情况。中间的粗线就是四分位数的范围，也就是样本的 1/4 到 3/4 的数量的范围，中间的白点是中位数，中间的细线范围是 95% 置信区间。

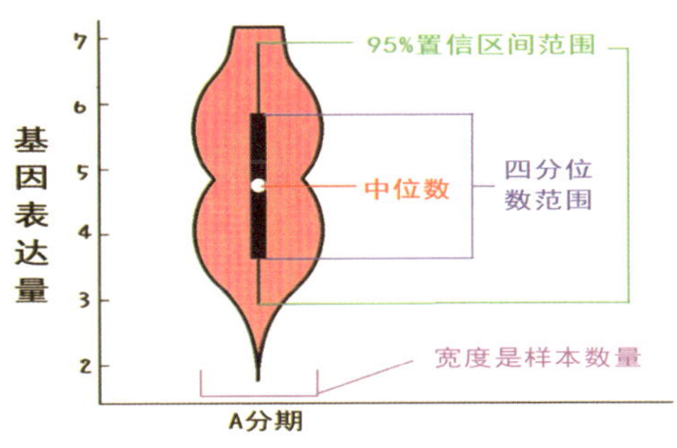

红色部分的宽度，就是基因表达到某个值的时候样本的数量，或者说基因表达到这个点的时候的频率。比如基因表达为 7 的样本有 15 个，表达为 6 的样本有 34 个，表达为 5 的样本有 23 个，差不多就这个意思吧。

那还有上面的 F 值呢？

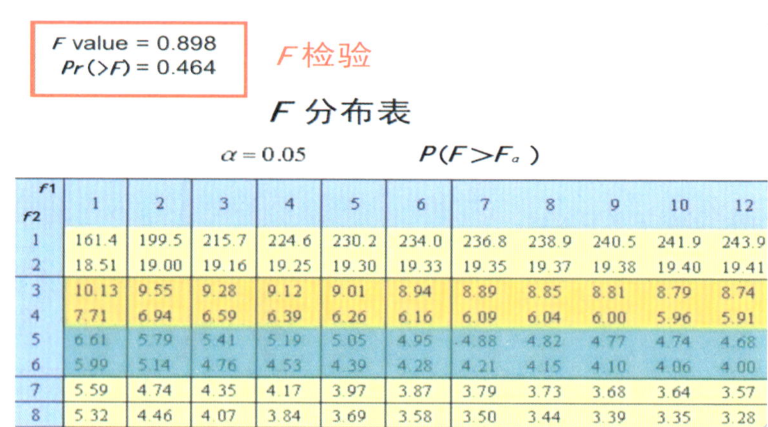

F 分布表

$\alpha = 0.05$　　$P(F > F_{\alpha})$

f2 \ f1	1	2	3	4	5	6	7	8	9	10	12
1	161.4	199.5	215.7	224.6	230.2	234.0	236.8	238.9	240.5	241.9	243.9
2	18.51	19.00	19.16	19.25	19.30	19.33	19.35	19.37	19.38	19.40	19.41
3	10.13	9.55	9.28	9.12	9.01	8.94	8.89	8.85	8.81	8.79	8.74
4	7.71	6.94	6.59	6.39	6.26	6.16	6.09	6.04	6.00	5.96	5.91
5	6.61	5.79	5.41	5.19	5.05	4.95	4.88	4.82	4.77	4.74	4.68
6	5.99	5.14	4.76	4.53	4.39	4.28	4.21	4.15	4.10	4.06	4.00
7	5.59	4.74	4.35	4.17	3.97	3.87	3.79	3.73	3.68	3.64	3.57
8	5.32	4.46	4.07	3.84	3.69	3.58	3.50	3.44	3.39	3.35	3.28

那实际上是 F 检验（F-test）的值，F 检验可以理解为是检测整体的差异显著性的，需要查表，当 $F \geqslant F$ 表，表明两组数据存在显著差异，所以后面的 p 值里自带了一个“（>F）”。这个 p 值 0.02，说明组间的差异显著性不是很大。

再来看这张小提琴图：

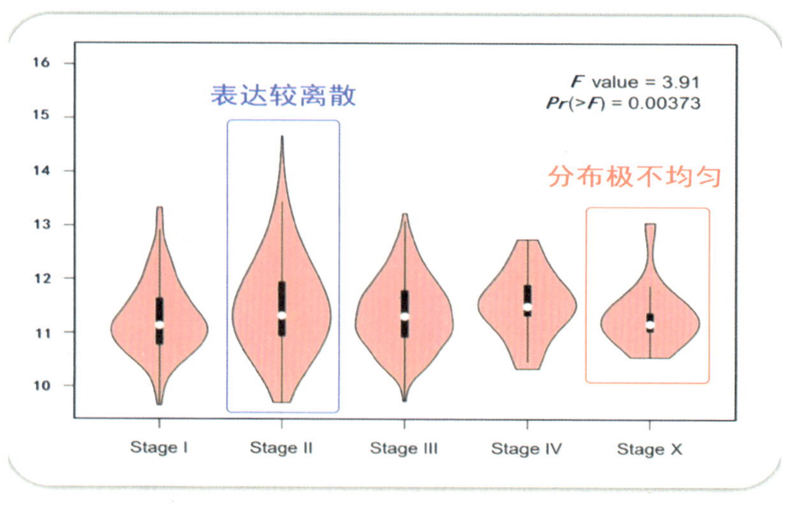

从这张图中可以看出，Stage II 的该基因表达较为离散（两头拉太长），而 Stage X 的该基因表达分布极不均匀（酒葫芦形），而且这几组的差异显著性不大。

R 语言中也有可以绘制小提琴图的“vioplot”包哦，自己去画就行了。

好了，这次就先说到这里吧，我是你们的夏老师，给你们讲科研，祝你们心明眼亮。

如何看懂文献里的那些图（13）

夏老师的书是通过“金主爸爸”送出去了好多，问了一下反馈，基本上是听我讲的文献是看得懂，文章结构也能基本明白了，但要命的是，居然好多人看不懂文献里的图。

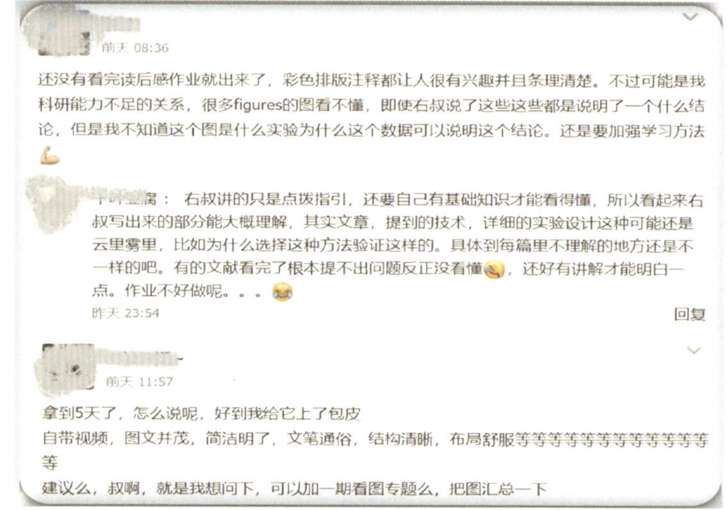

那真没办法了，夏老师只能从头开始，教你们看看文献里的图片了。首先要明确一下，所有的文献，大概只有两种图（可以拿小本子开始记笔记了！）：

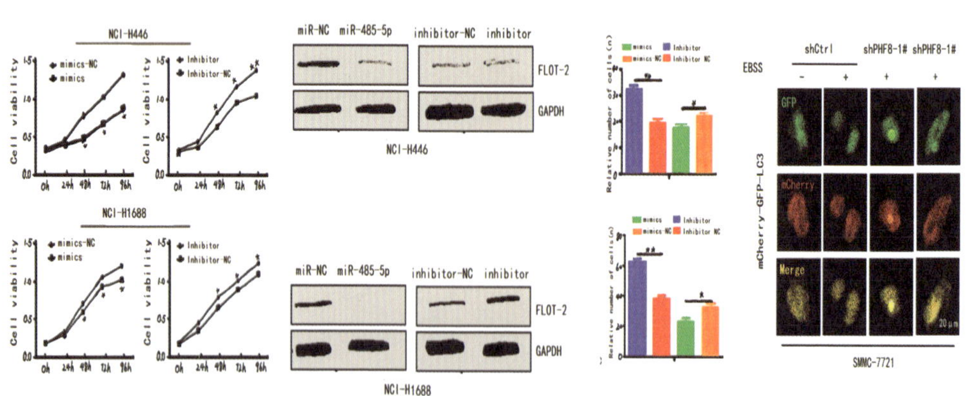

没错，文献里只有两种图，一种是黑白的，另一种是彩色的。

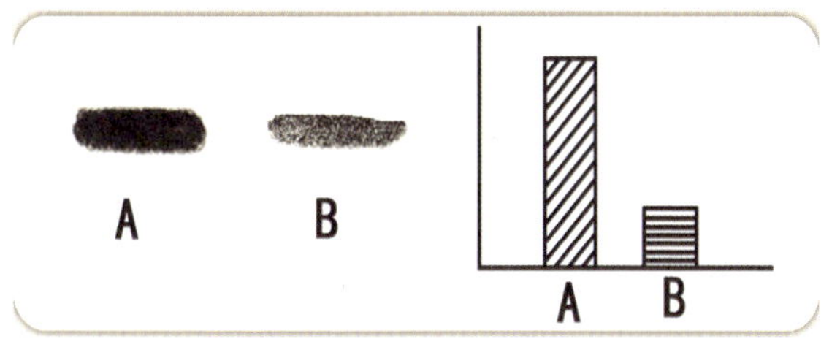

黑白的图吧，一般都是些 Excel 做出来的柱状图、折线图之类的。但关键的是，还有黑白图片是 Western 图，这类图也特别多。大概会表现成这样。

嗯，没错，就是这样黑黑的一坨。这个主要原理就是通过一抗二抗结合抗原后放大信号，黑色越深也就表示蛋白越多。通过类似 Image J 的软件进行灰度值分析，可以得出大概的表达量（也就是旁边的柱状图，还真有不少人问：“夏老师，这柱状图数值是怎么来的啊？”）。

这种我估计你们一般都能看懂，再比这个图深入点的话，就是 IP（免疫共沉淀）分析图。

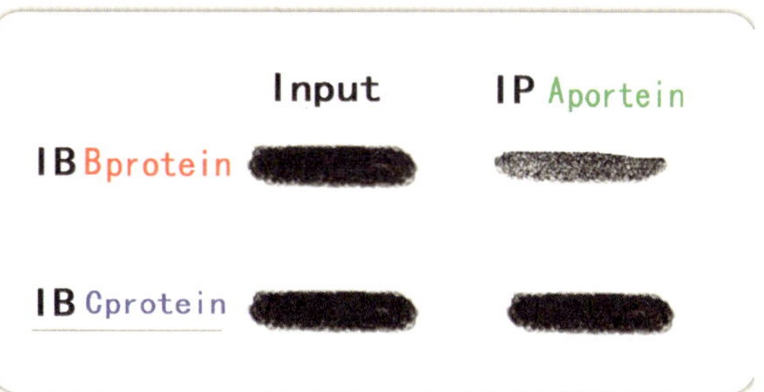

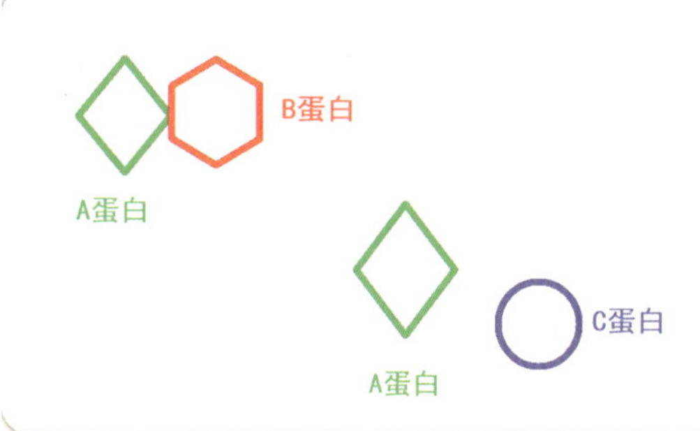

当看到这种图的时候，可能你会觉得还好，能看懂。但也有人看不懂，我们就随便讲讲。首先 IP 是用来检测蛋白的互作的，两个蛋白要是互作的话，就会像这样结合到一起。

那用包被着 A 蛋白抗体的微球抓住 A 蛋白后，同时也会顺便把与之相结合的 C 蛋白拉下来。B 蛋白如果结合不是特别牢固的话，就不太能被拉下来了。

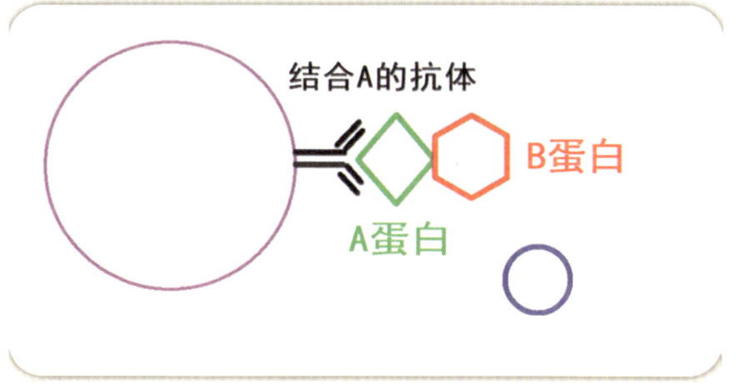

通过离心沉淀下来后，洗掉没沉淀的蛋白，用 Western 来检测一下拉下来的蛋白中 B 蛋白和 C 蛋白的量，就能知道 B 蛋白和 C 蛋白与 A 蛋白之间的结合互作情况了。

一般的 IP 图里会有 Input，这个就是指总的蛋白量。还会有个蛋白旁边写着 IP，这个就是用来纯化的蛋白抗体。另一边的蛋白旁边会写着 IB 或者 WB，这个一般是用来做 Western 的蛋白抗体。比如上面这个图，就是在总蛋白中，用 A 蛋白抗体纯化出来的蛋白，分别用 B 蛋白抗体和 C 蛋白抗体进行 Western 来检测。

主要看的就是 A 蛋白能结合的 B 蛋白和 C 蛋白的量。可以发现 C 蛋白和 A 蛋白结合力更强，B 蛋白和 A 蛋白结合得并不好。

当然，还会有这样的图，会在 IP 的过程中加入处理条件：

“+”和“-”，表示是否加入药物（这里也可以是 siRNA、shRNA、XXX 信号通路抑制剂、促进剂等等），然后看的主要是处理和未处理情况下，蛋白结合的差异。比如右面这个图显示的就是加入药物处理后，B 蛋白和 A 蛋白之间的结合明显增强。

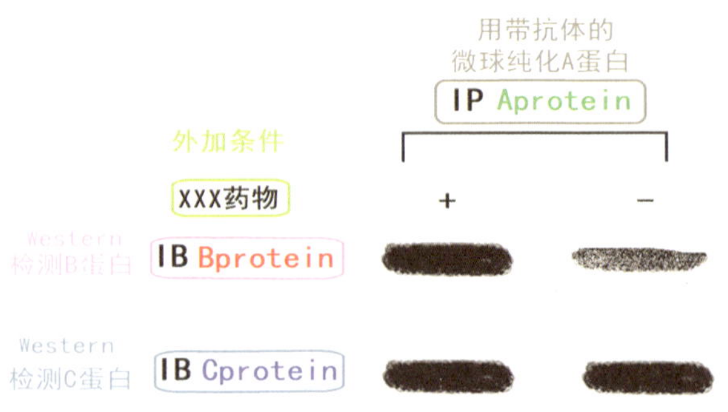

按照这个思路，是不是能看懂这样的图了呢？

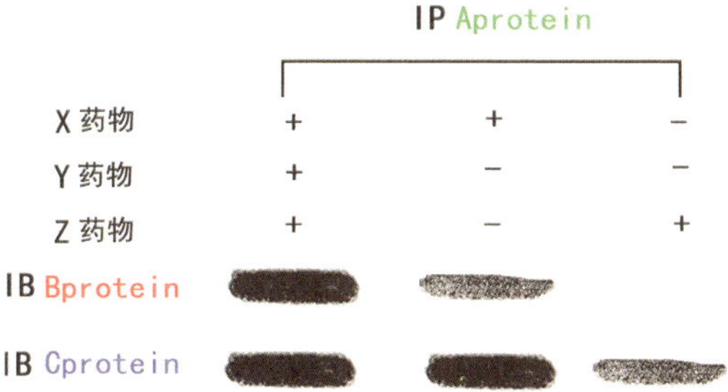

好了，我是给你们讲科研的夏老师，这次就先讲到这里吧，祝你们心明眼亮。

如何看懂文献里的那些图（14）

之前夏老师已经给你们讲过几种文献中的图了，估计你们也没怎么看，这次还是继续给你们讲简单点的文献中的图。估计你们也都看过类似这样的图：

对，就是热图，这种图经常会出现在低分的生信文章中，主要就是凑数用的，因为热图实际上只是用来进行展示表达的一种方法。因为你看文献的时候，是不至于用放大镜去看热图上每个格子里都是什么基因，这些基因表达的颜色具体是什么色号的。

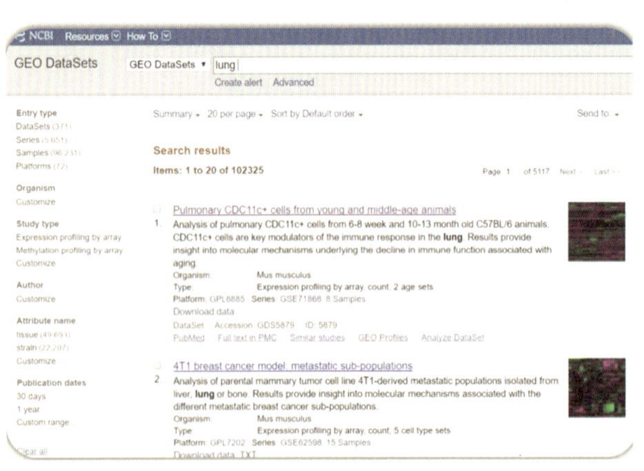

GEO 上就有热图的展示，随便搜一个给你们看一下：

直接输入后，点击右侧的小热图，就能进入 GEO Analysis Tool 里，这里的右侧就是一个热图的图标：

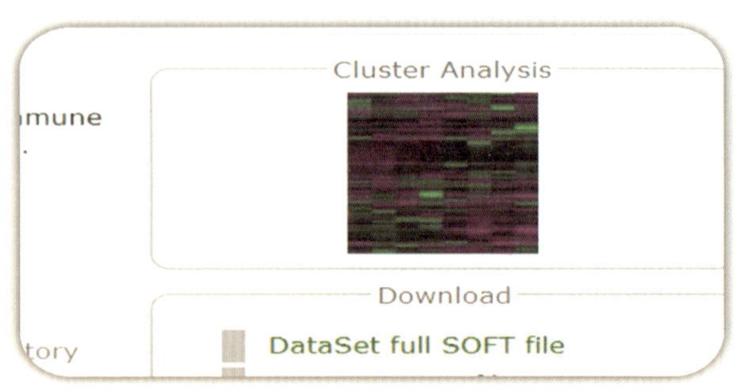

点进去，就是热图了：

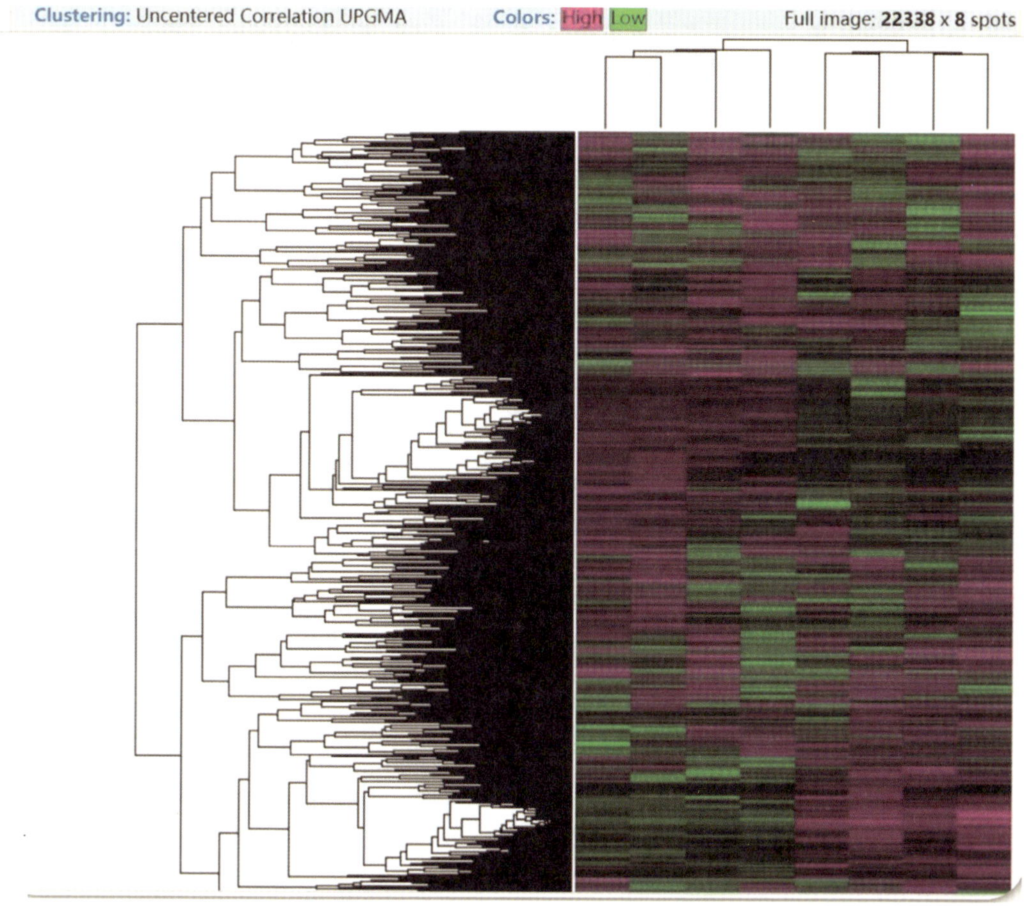

Clustering: Uncentered Correlation UPGMA
Colors: High Low
Full image: 22338 x 8 spots

从这个热图上你会得到两个信息，第一是表达量和颜色关系：

Colors: High Low

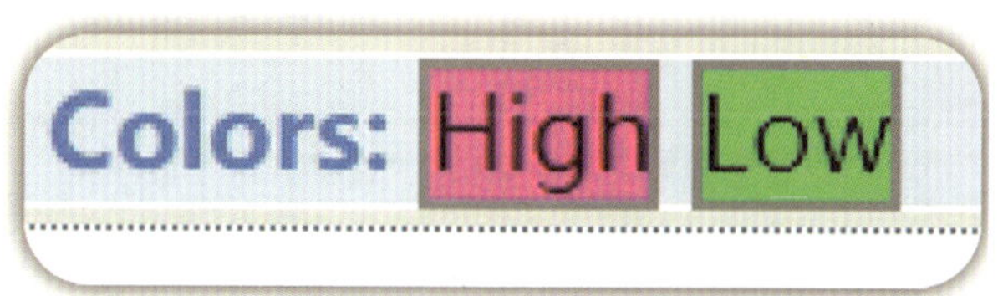

高原红就是高表达，绿色就是低表达。

当然，由于这个工具是聚类热图，所以左侧和顶上会有聚类的树状图：

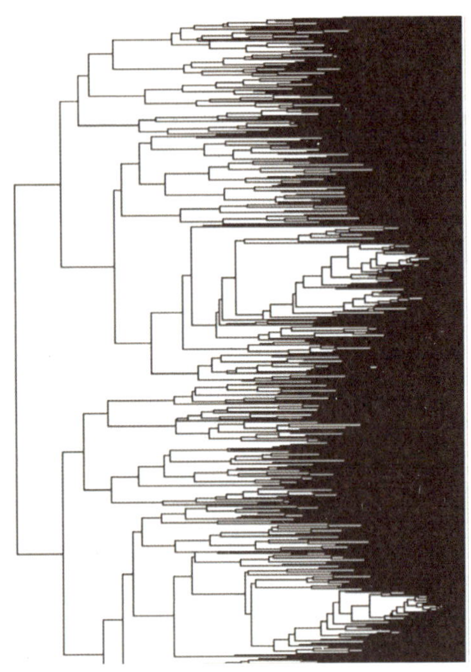

其实这个在 GEO Analysis Tool 里也能进行聚类，最常用的就是 HCL 分层聚类，怎么说呢，实际上就是按照表达的具体数值，用皮尔森法或者别的什么方法，比较基因或者样本之间的相似度，把表达模式相似的归为一类，有点像序列比对吧。

夏老师给你们举个例子，实际上热图的原型，就是类似这样的表格：

	样本1	样本2	样本3	样本4	样本5	样本6	样本7
基因1	4.232	3.844	4.732	2.708	3.720	4.818	1.224
基因2	2.712	3.689	1.122	0.908	2.299	3.462	4.798
基因3	0.556	2.238	3.956	3.613	0.735	4.169	2.136
基因4	0.777	1.387	0.178	0.932	3.044	0.490	4.762
基因5	4.241	3.202	0.923	0.062	0.773	2.048	1.109
基因6	4.719	4.228	2.685	0.026	0.543	2.432	2.177
基因7	4.978	2.213	4.990	4.053	3.262	0.758	0.518
基因8	1.456	4.856	2.426	3.972	1.922	4.781	3.007
基因9	1.038	0.425	0.891	1.935	2.107	2.467	4.000
基因10	1.536	2.989	4.959	1.657	1.493	2.531	2.803

主要就是现实不同样本中，不同基因的表达数据。比如我们对这些数值进行划分，同一样本中，高于平均值的用红色，低于平均值的用蓝色，那就形成了最简单的热图（我用的 0~5 的随机数，均值就应该是 2.5）：

	样本1	样本2	样本3	样本4	样本5	样本6	样本7
基因1	4.232	3.844	4.732	2.708	3.720	4.818	1.224
基因2	2.712	3.689	1.122	0.908	2.299	3.462	4.798
基因3	0.556	2.238	3.956	3.613	0.735	4.169	2.136
基因4	0.777	1.387	0.178	0.932	3.044	0.490	4.762
基因5	4.241	3.202	0.923	0.062	0.773	2.048	1.109
基因6	4.719	4.228	2.685	0.026	0.543	2.432	2.177
基因7	4.978	2.213	4.990	4.053	3.262	0.758	0.518
基因8	1.456	4.856	2.426	3.972	1.922	4.781	3.007
基因9	1.038	0.425	0.891	1.935	2.107	2.467	4.000
基因10	1.536	2.989	4.959	1.657	1.493	2.531	2.803

这样的话，我们用肉眼比对一下，会发现，样本 1 和样本 2 的表达模式很接近，就将这两个样本聚为一类，样本 3 和样本 4 的表达模式很相似，就将样本 3 和样本 4 聚为一类。同样看看基因，基因 1 和基因 7 的表达模式相似，那这俩基因就聚为一类，基因 5 和基因 6 的表达模式接近，那这俩基因就聚为一类。

	样本1	样本2	样本3	样本4	样本5	样本6	样本7
基因1	4.232	3.844	4.732	2.708	3.720	4.818	1.224
基因2	2.712	3.689	1.122	0.908	2.299	3.462	4.798
基因3	0.556	2.238	3.956	3.613	0.735	4.169	2.136
基因4	0.777	1.387	0.178	0.932	3.044	0.490	4.762
基因5	4.241	3.202	0.923	0.062	0.773	2.048	1.109
基因6	4.719	4.228	2.685	0.026	0.543	2.432	2.177
基因7	4.978	2.213	4.990	4.053	3.262	0.758	0.518
基因8	1.456	4.856	2.426	3.972	1.922	4.781	3.007
基因9	1.038	0.425	0.891	1.935	2.107	2.467	4.000
基因10	1.536	2.989	4.959	1.657	1.493	2.531	2.803

这样的聚类，主要是因为表达模式接近，更能体现基因间和样本间的关系。当然，实际上也并没有多大用，只是用来展示数据的，让你觉得比较直观而已。好了，这次夏老师就只能教你们到这儿了，你们自己回去慢慢领悟，祝你们心明眼亮。

如何看懂文献里的那些图（15）

要看懂文献里的图，实际上也不是很难，但夏老师知道，总有你们看不懂的图。比如下面这种 Circos 图：

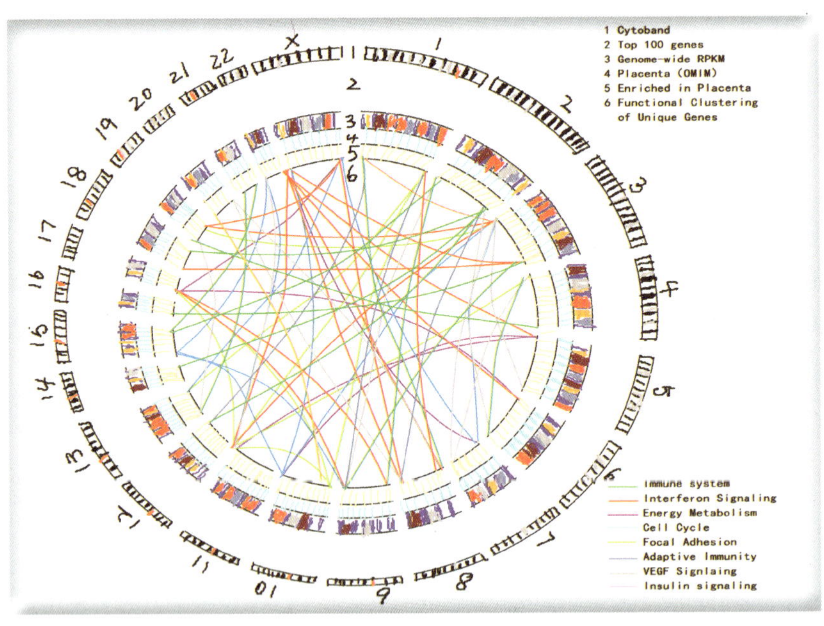

有的同学看到这种图头就大了：哇，夏老师，我知道这个是讲染色体啊，基因啊，相关性啊什么的……

实际上，Circos 图，说穿了，就是 Excel 表格的一种可视化展示方式，如果变成表格的话，大概是这样的：

	A	B	C	D
E	1	3	5	5
F	1	5	1	3
G	22	2	4	7
H	4	3	4	8

中间的数值代表了行与列之间的相关性，比如相关系数啊，等等。

当然 Cricos 图也是有表现形式的，比如，单纯表示相关性的话，就会用线条，线条的粗细代表相关性的强弱：

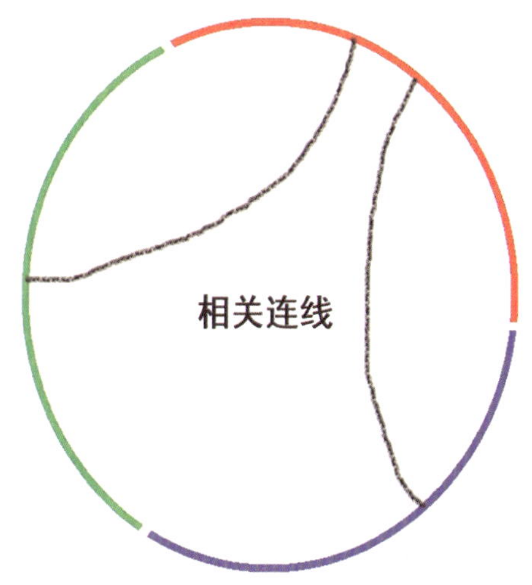

如果这个相关性是有方向性的话，那就会使发出方的线条不接到环上，大概就是这样：

如果上色的话，线条的颜色会使用到达方的颜色，你会发现，有的时候这个条带有粗有细，那是因为表格会有这样的情况：

		to		
		A	B	C
	A	0	2	1
from	B	5	0	2
	C	2	3	0

from A to B 的时候，数值是 2，而 from B to A 的时候，数值是 5，那怎么办呢？这样的话，就在两端用不同粗细的线条来表示了。比如上面这个列表的话，就会展示成下面这样的 Circos 图：

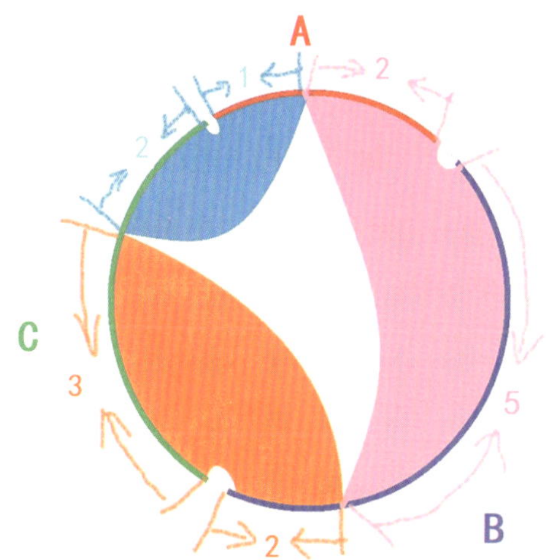

大概就是这么个意思吧。一般来说，很多基因的远端互作、近端互作会用Circos图来表示，因为外面一圈染色体，这样基因组展示出来比较漂亮。说实话，你未必真的能从里面看出什么门道。

当然，Circos 图还有升级版，就是像刚开始我们看到的那张图一样，里面具有多个分层，意思就是把基因的突变啊，染色体位置啊，表达啊，这些七七八八的东西，都囊括在一张图里展示出来：

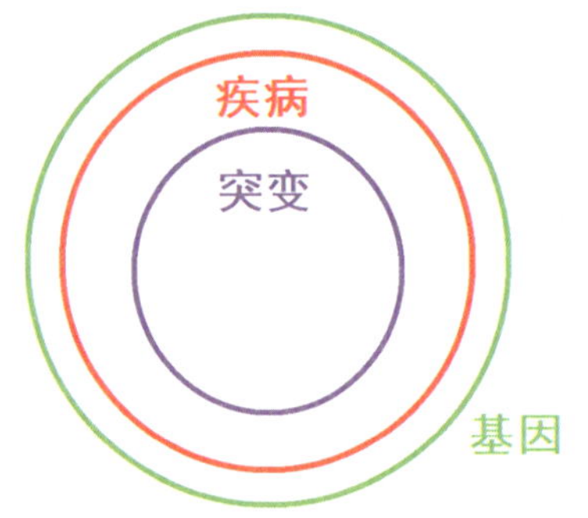

图很漂亮，但没什么用，根本看不出什么东西来。我们回过头来看看之前的这张图，这篇文献是 doi:10.1016/j.placenta.2013.11.007.，讲的是人胎盘转录组的分析。我们把这个 Circos 图放大一点看，实际上里面有 6 层：

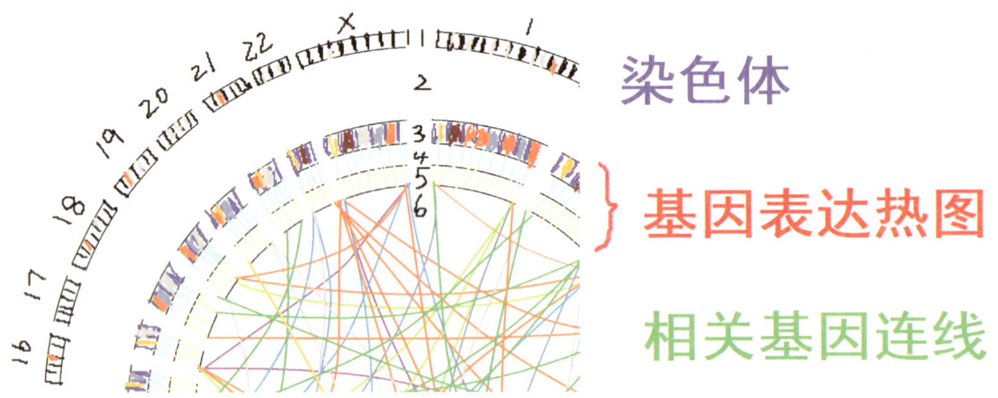

第一层就是染色体，接着几层是基因表达的热图，最里面的相关性联网，就是基于 GO 的 BP 分析，将参与相关生物学功能的基因连在一起。

如何看懂文献里的那些图（16）

夏老师这次给你们讲的这个图，实际上做生信的简单分析的时候就会用到，也是一种没什么用的图。这种图被称为 PCA，也就是主成分分析：

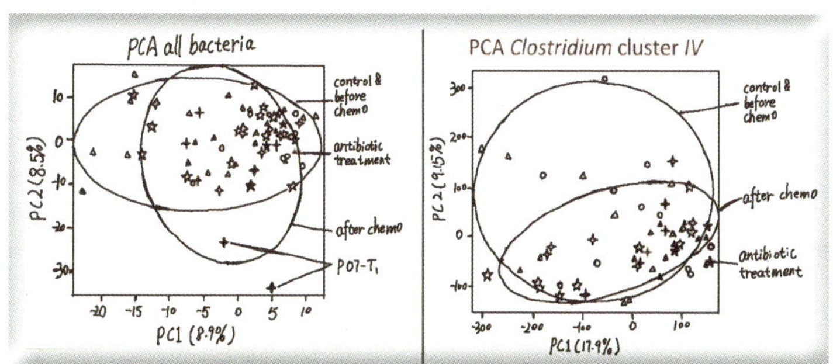

这篇是发在 *PLOS ONE* 上的 *Changes in Human Fecal Microbiota Due to Chemotherapy Analyzed by TaqMan-PCR*, 454 *Sequencing and PCR-DGGE Fingerprinting*，有兴趣的可以自己去查一下。虽然这篇文献主要讲解的是微生物的实验，但这也演示了 PCA 大概是什么样的图了。

实际上 PCA 就是对于多维数据进行简单的降维。在一堆数据中找出比较有代表性的 2 个或者 3 个，做成二维或者三维图，大概就是这样。

首先，不管你是芯片，还是测序，都会得到类似这样的数据。比如，1~7 这 7 个样本，*A*~*F* 这 6 个基因的表达：

样本	基因表达					
	A	*B*	*C*	*D*	*E*	*F*
1	2.119222565	4898.050744	3.697280154	0.094360387	5.646276172	7.70583106
2	910.5471544	6.6409689	9.039822865	6.257898356	4.131435118	1.690259699
3	6.882797122	0.547024185	4.841757096	843715.0511	2.473660266	0.506124824
4	9.384423038	277.4790858	4.890288559	5.052110384	3.756480347	2.721505463
5	6263.756734	3.74729099	9.343907755	2.744989956	2.149102976	7.355690541
6	0.915541061	31.07391633	2.912482504	5799.35932	8.546383265	7.390448844
7	1.79840603	0.906234109	8.196227286	492.9977761	0.068257726	5.596668967
方差	2333.36757	1833.876152	2.662472113	318504.1711	2.721977376	3.01913831

那在这些乱七八糟的数据里，哪个基因的表达才能作为样本的代表性基因呢？那就是计算各个基因在样本中表达量的方差，算出哪个方差最大，也就是这个基因在样本中表达变化最明显，可以用它来解释样本之间的差异。我们可以看到，方差最大的是基因 D，其次是基因 A，再次是基因 B。那二维的 PCA 图大概就是这样：

把基因 D 和基因 A 分别作为 X 轴和 Y 轴。那三维图是什么样呢？就是把基因 D、基因 A 和基因 B 分别作为 X、Y、Z 轴，大概就是这样：

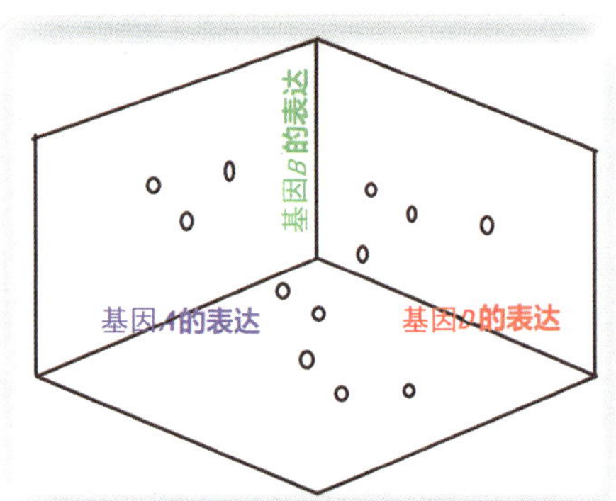

但这样除了好看以外，并不一定能说明什么问题，因为用基因表达的方差来筛选，这样的差异基因来表达样本间的差异，也不一定会满足你的预期……当然，图也不是很好看明白。于是在多维图形的基础上，还可以进行降维处理。比如，随机选取某一点，计算这个点到其他点的距离：

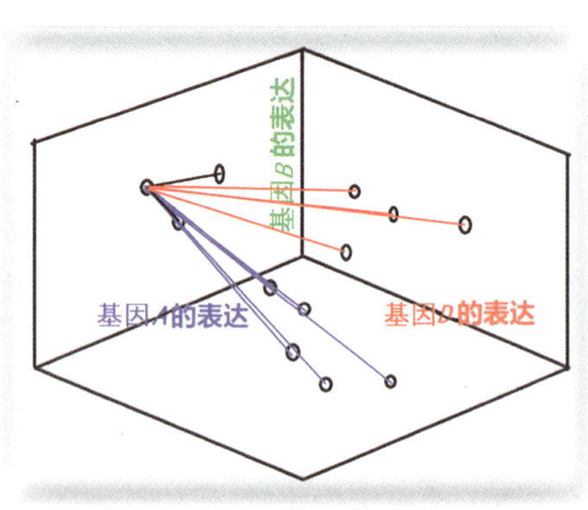

然后再将这些距离数值用 t 分布进行转换，就变成了 t-SNE 图：

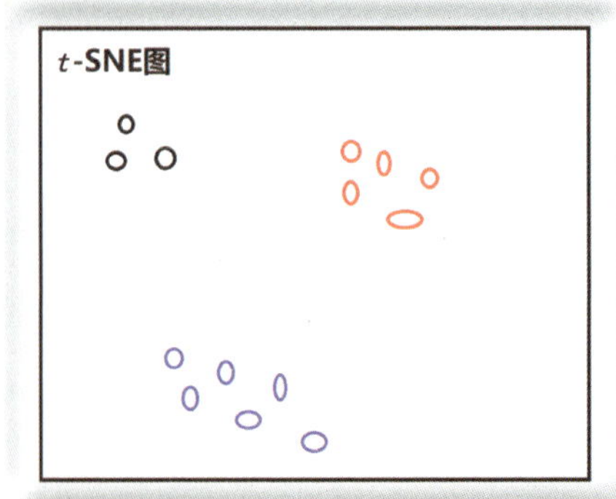

虽然我画得简单了点，但之前夏老师给你们介绍过 SJR（scimago joumal rankings，一种文献评价指标）对于杂志的分析，可以看到，对于杂志，是有很多数据对其进行解释的：

	Title	Type	SJR	H index	Total Docs (2017)	Total Docs (3years)	Total Refs	Total Cites (3years)	Cites/Doc (3years)	Cites/Doc (2years)	Refs./Doc.
1	CA-A Cancer Journal for Clinicians	journal	61.786	137	43	130	3160	16834	109	198.90	73.49
2	Nature Reviews Genetics	journal	34.896	307	108	429	7108	7296	167	38.94	65.81
3	MMWR. Recommendations and reports: Morbidity and mortality weekly report. Recommendations and reports /Centers for Disease Control	journal	34.638	125	2	16	184	996	16	76.00	92.00
4	National vital statistics reports: from the Centers for Disease Control and Prevention. National Center for Health Statistics, National Vital Statistics System	journal	33.557	85	6	31	207	1096	31	46.00	83.00

形成多维数据后，再进行降维，就会形成杂志分析的 *t*-SNE 图，就是这样：

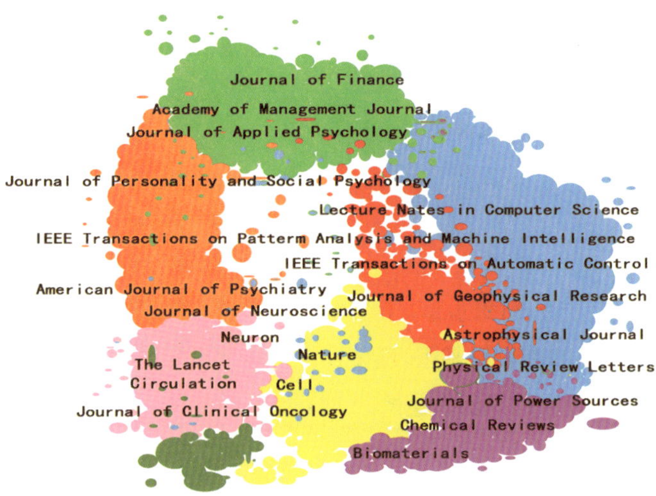

不同的颜色代表不同的聚类，以此来区分杂志的优劣，相对来说就一目了然了。要看那篇 *PLOS ONE* 的文献的，就自己想办法吧。夏老师就先给你们讲到这里吧，估计你们也不会认真看的，下次再想看，反正也找不到……祝你们心明眼亮。

如何看懂文献里的那些图（17）

看文献的时候，很容易遇到一些你可能觉得比较怪的图，总是会一脸蒙。

没关系，等你看多了文献，自然就会习惯这种蒙了。比如下面这种图：

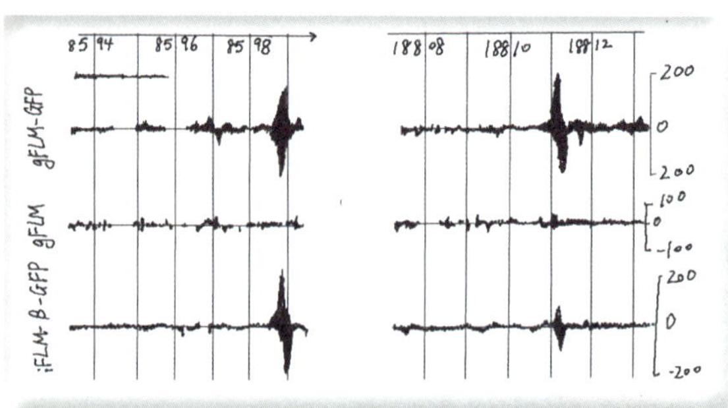

这种图一般会出现在转录因子研究的文献中，叫 ChIP-Seq 图。那首先我们要看，啥是转录因子呢？

转录因子就是能结合在基因的启动子区域，可以启动基因表达，或者操纵基因表达，或者有的可能会堵在前面阻碍基因表达的。

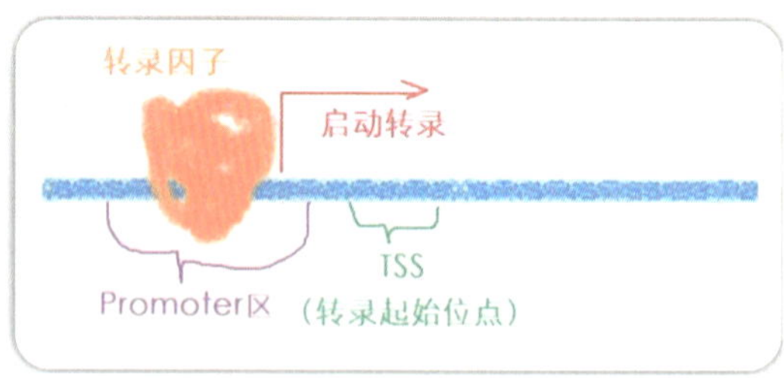

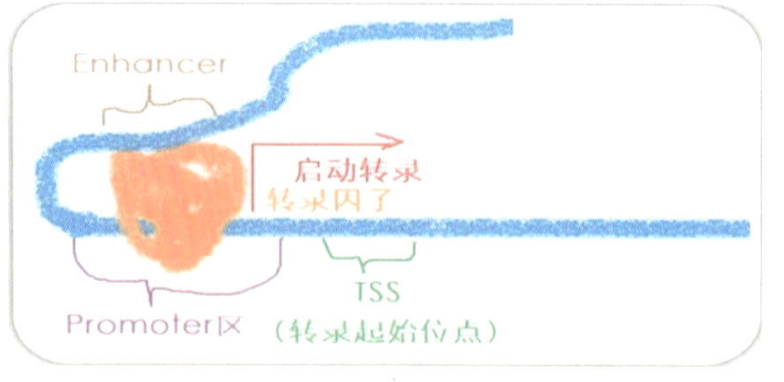

当然，在序列上转录因子不光会结合启动子区，还会结合在 Enhancer，也就是增强子之类的元件上。

说简单点，转录因子就是一种能结合在DNA上的蛋白。

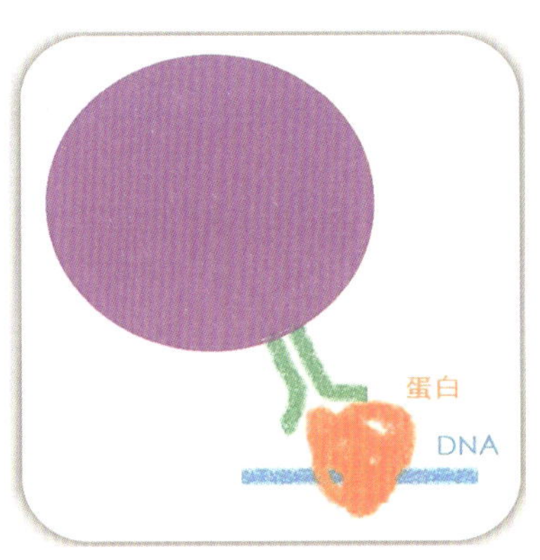

于是就产生了这样的技术，将抗体固定在大珠子上，然后把转录因子的蛋白质沉淀下来。沉淀的过程中，把染色质的DNA消化成片段，这样就能顺带着转录因子，把它结合的DNA序列拉下来了，这个就是ChIP，染色质免疫共沉淀。

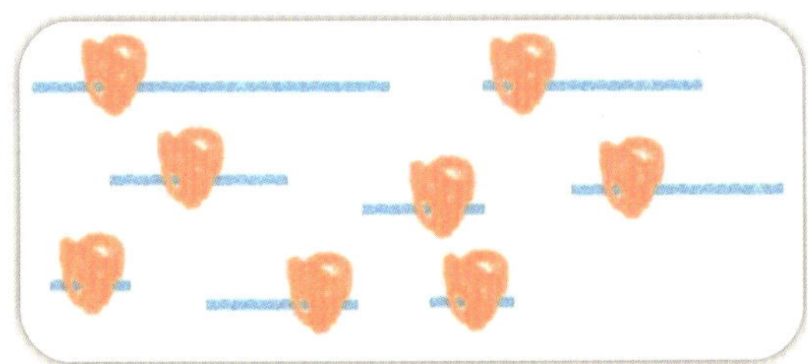

被拉下来的片段，即使是同一个区域，也有长有短。

所以会把这需要分析的片段上的蛋白先洗脱下来，然后去测序。测序结果会被拼回到染色体的基因组DNA序列上，拼回去次数越多的片段，就会显示信号读值越高。自然结合这个转录因子的序列，在ChIP过程中会被拉下来更多，读值就会更高，不结合的话，ChIP就拉不下来，也不会有读值。

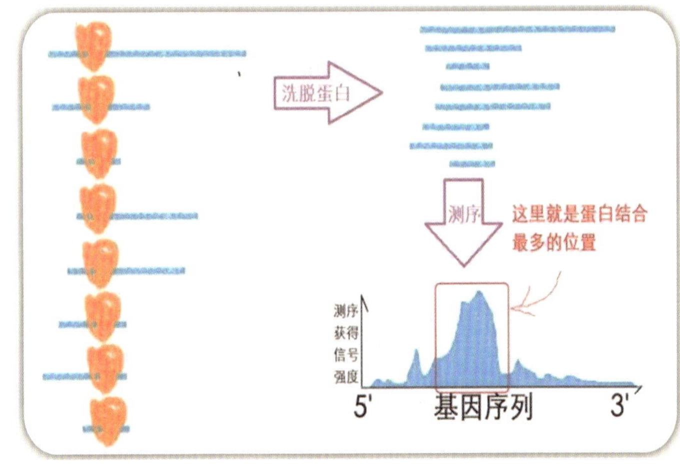

那问题来了，为啥这个图上还有负值呢？呃，那当然是结合在反义链上的了。一般来说，文献中的这类 ChIP-Seq 图，可能也就是为了说明这么几种内容：

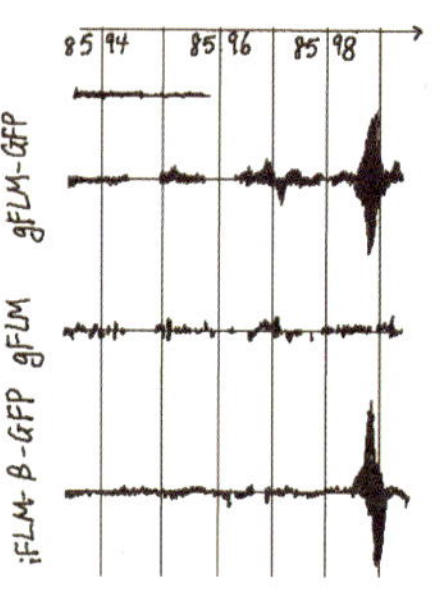

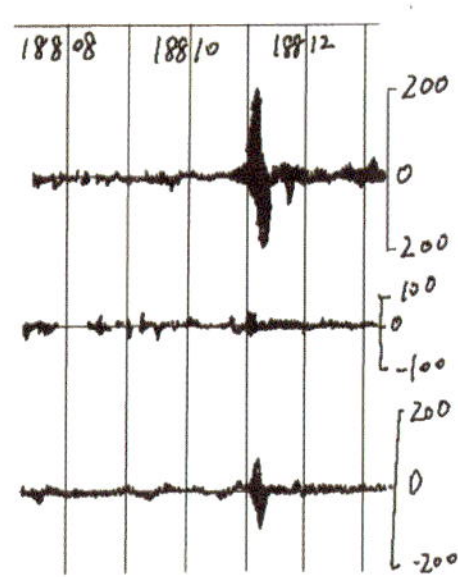

1）这转录因子能结合这基因启动子区；

2）经过处理后转录因子结合能力变差；

3）两种转录因子能同时结合在同一片段上，可能这俩有点关系。

当然 ChIP-Seq 还会通过分析这个转录因子结合的最高频次的基因序列，得出大概的结合位点，就像这样：

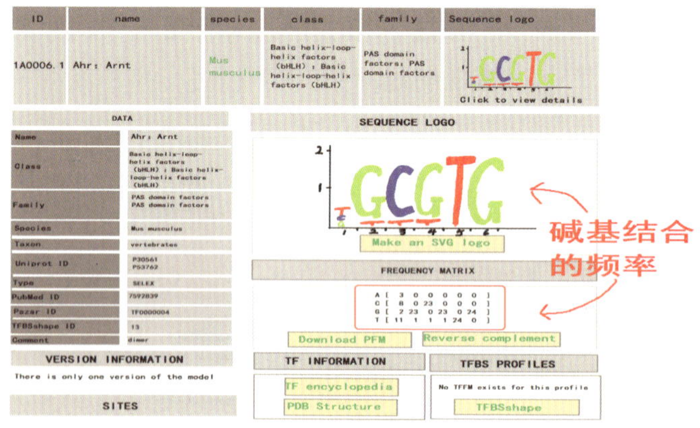

这些在 JASPAR（一种转录因子预测数据库）上都可以查到，当然 JASPAR 也能分析序列。

夏老师：转录因子的图能看懂了吗？一般来说，转录因子研究的文献中大多都有类似这样的图。看懂了就能一眼扫过大概明白是什么意思了。好了，就先讲到这里吧。

如何看懂文献里的那些图（18）

我叫骨头，是万事屋的新人，也是个“菜鸟”。一直看师兄师姐们分析基因芯片啥的分析得很欢乐的样子，但是我就是不知道他们是咋分析的，完全没有头绪……

神师兄：你还小，不知道很正常。基因芯片，我们就用表达的基因芯片来给你举个例子，告诉你基因芯片的数据挖掘的核心思想。好了，首先我们来看这两张图：

能看出是什么吗？

骨头：神师兄，我读书少，但是我也知道，左边的是宫保鸡丁，右边的是我们食堂的宫保鸡丁。

神师兄：好了，你明白了第一个芯片分析的思想——差异。我们也能看到外面饭店和食堂的宫保鸡丁有什么不同。在宫保鸡丁上，就是原料、配料、调味的不同了。这些差异就能告诉我们，为啥食堂的宫保鸡丁这么便宜，但又这么难吃。

基因芯片主要分析的是两组样本间的差异，从表型上就好比是病患和健康人的差异，癌和癌旁的差异。而在内部，也就是在基因层面上两组样本也会有很大的不同，芯片所要分析的就是在基因层面上的差异。知道有什么样的差异，就和知道宫保鸡丁的原料、配料和调味一样，能了解为什么会造成样本间的表型差异。

一般会有这样几种差异表示图，一种是热图，就是右面这个，和股票一样，红涨绿跌：

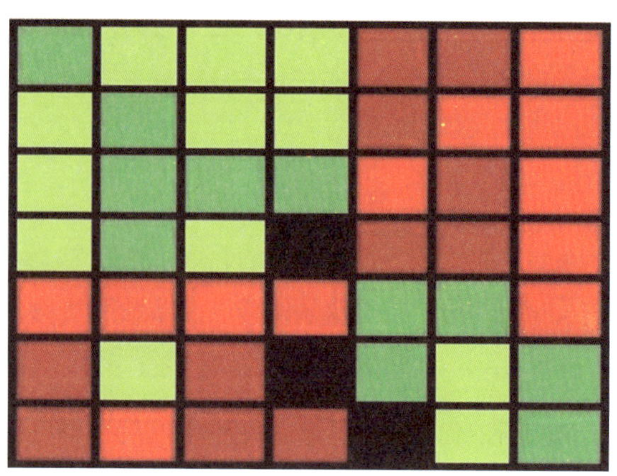

另一种叫火山图，是这样的：

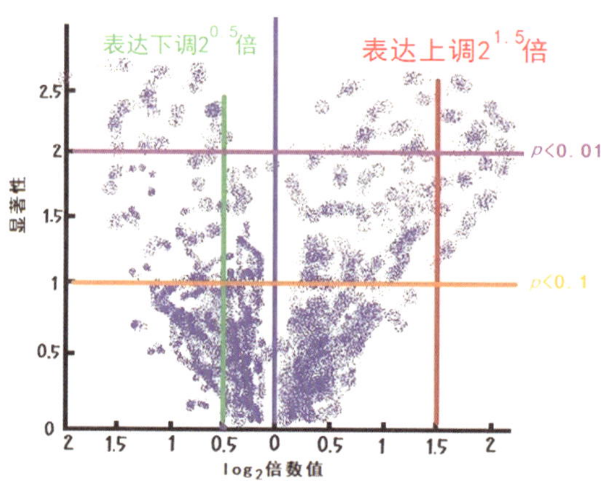

火山图的 X 轴显示表达倍数差异（用 $\log_2$ 表示），Y 轴显示的是这个表达差异的显著性（$-\log_{10}$ 表示的）。火山图和热图都是为了描述表达差异而存在的，研究不同样本间的表达差异，也许能为我们揭示出两组样本表型差异的本质。接下来，给你解释一下第二种芯片分析的核心思想，先看看下面这个图：

骨头：师兄，这个我懂的，这个是处女座吃的沙拉。

神师兄：这就是第二种芯片数据挖掘的核心思想——聚类分析。首先，我们找到了这些表达差异的基因，它们是乱七八糟地堆在一起的，那我们要给它们分分类，才能知道都有哪些东西产生了变化。

常用的聚类分析，其实就是 GO 分析和 Pathway 分析，这两种分析方式就是按照既有的标准进行分类的。也就是把这些差异表达的基因，按照不同的已知信号通路、不同的生物学功能进行分类，就像是把沙拉里的食物按照颜色分类一样。这样，两组有差异表型的样本中，具体是哪些信号通路，或者哪些生物学过程出现了变化，就一目了然了。

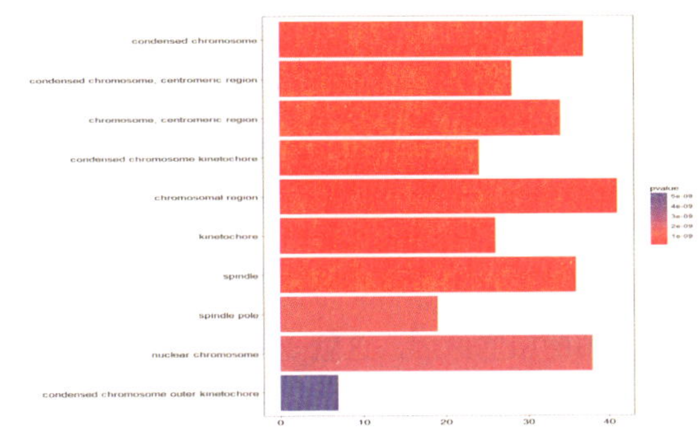

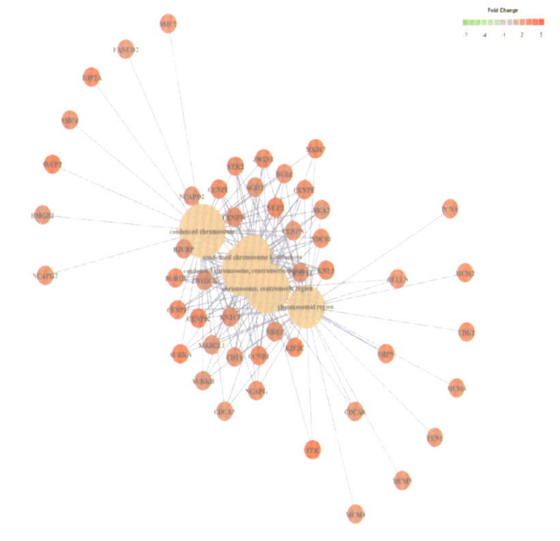

另一种聚类分析方法，是共表达分析，这是基于基因的表达差异程度来分析的。比如：

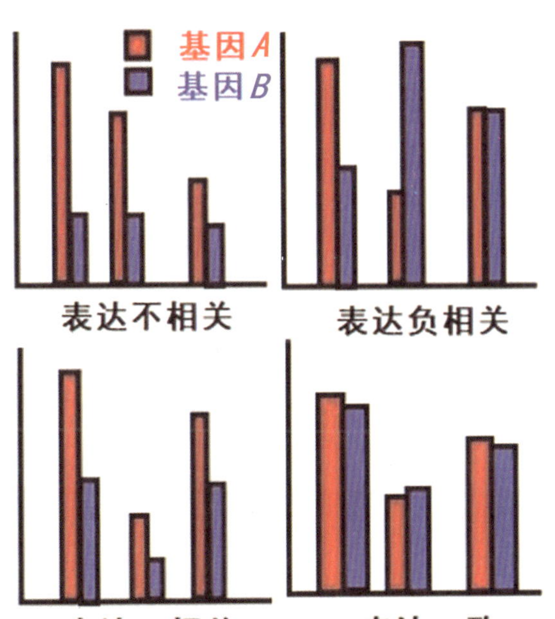

基因 A 和基因 B 的关系，粗略讲有这样四种：不相关，负相关，正相关，表达一致。通过聚类就形成了表达相关的网络图形：

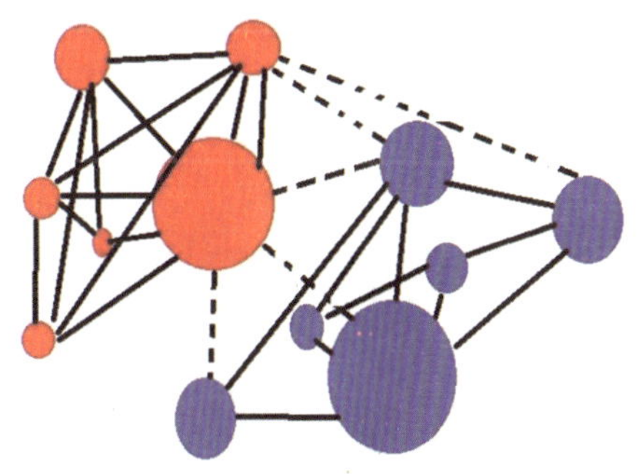

如果这两个基因有基因表达的相关性，而且表达相关性非常显著，那就给我们这样一个提示：有可能两者在表达上有同样的或者完全相反的 Pattern，也就是表达模式，有可能这两个基因会有相互作用，或者位于相关的信号通路中。这就是共表达的聚类分析的原理。

夏老师：差异表达也好，聚类分析也好，其根本目的，就是调查产生样本间表型差异的基因层面的根本原因。这就是基因芯片分析的核心思想。但要注意的是，所有的基因分析或者数据挖掘，仅仅是给我们一个提示。因为表象下有着无数的可能性，有了这样的提示，我们再继续完整地完成实验，才能证明这数据挖掘所得到的结果的真实性。

如何画文献里的模式图（I）

是不是经常在 SCI（科学引文索引）的文献里看到这种图：

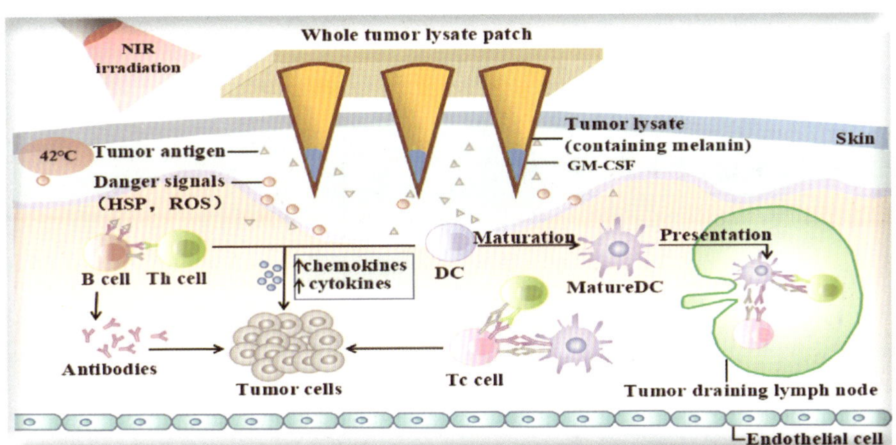

要自己画，感觉就比较困难了，之前在公众号给你们讲过 Science Slide，但那个是 PPT 基础上的制作，就是用素材来画的。其实这种效果图用普通软件就可以画了，就是 Inkscape：

自己百度一下就能下载到了，只有 70 多兆，但其实很实用。关键的功能，作为初学者的你，只要记住以下这几个就行了：

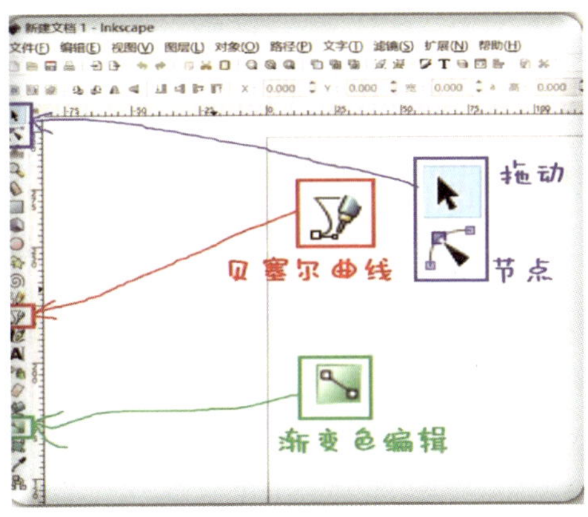

贝塞尔曲线和直线、拖动箭头、节点扭曲，还有色彩渐变，有这几个按钮，基本上画简单的蛋白的模式图就 OK 了。

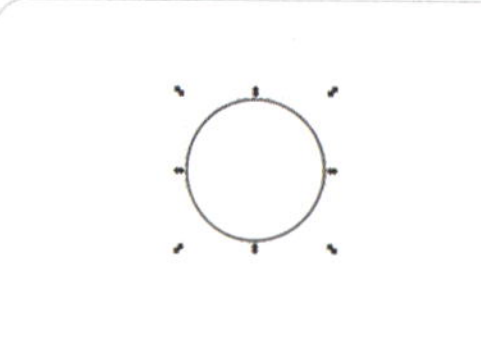

首先教你们画个细胞膜，嗯，磷脂双分子层的细胞膜。首先点击左边一个圆形工具，你如果随便画的话，就是个椭圆，记住：画的时候，按住“Ctrl+Shift+C”，画出来就是个正圆了。

点到这个圆圈上，点击右键菜单里有“填充和笔刷”，点一下，右侧会出现这样的框，“笔刷样式”选择宽度 2mm。

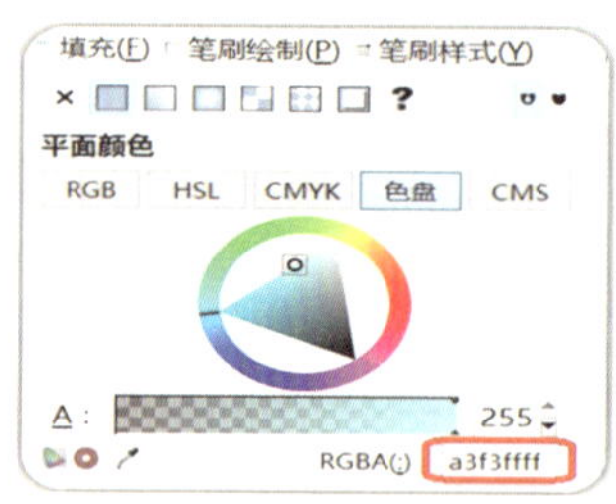

然后选择填充，我就随便选的颜色，你可以在下面的颜色框里直接输入“a3f3ffff”。

就会变成这样的圆圈。

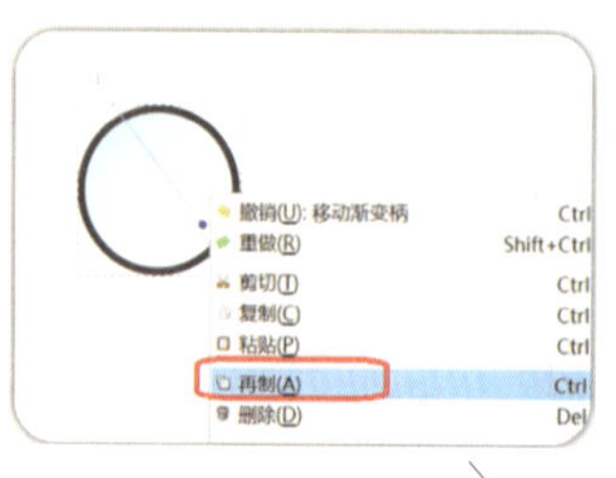

接着选取刚才跟你们说过的渐变工具，像这样拉出一条渐变梯度线，然后点击右键，选择“再制”，然后从左下角再斜向上拉一条渐变曲线（记得一定要选“再制”）。

然后，就变成这样有明暗的球体了。

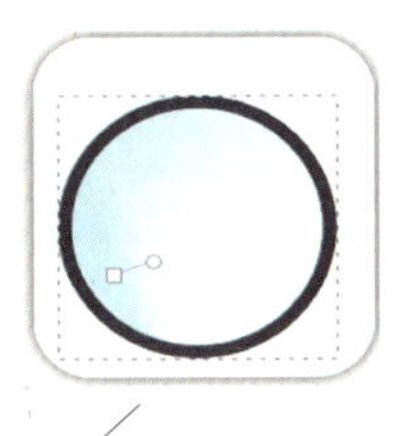

然后在这个球体下面拉两条“贝塞尔直线”，双击结束一条的绘制。

接着和刚才一样把线条的属性调好：

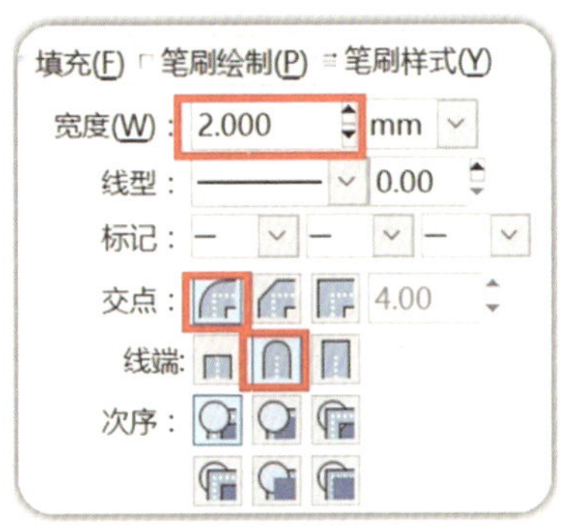

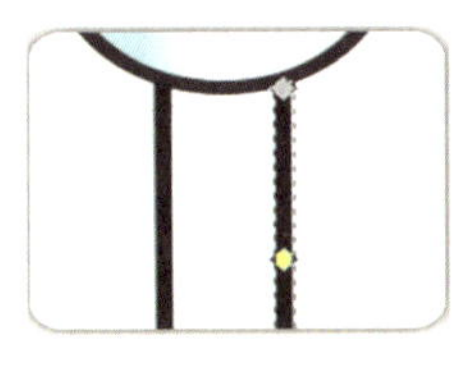

接着点选刚才说过的“节点工具”，各在这两条线的正中双击添加一个黄色节点。

然后，还是节点工具，直接把直线按照这个趋势来扭曲。

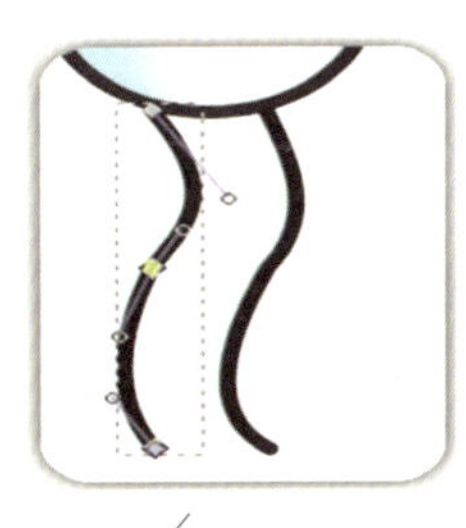

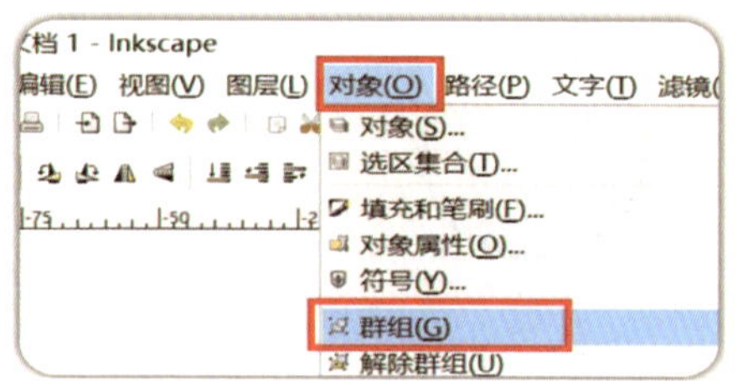

扭完了，就把球和线条都选定，然后点击上排菜单栏里的“对象”里的“群组”。

然后一个单分子的磷脂就画好了。接着复制一下，反转一下：

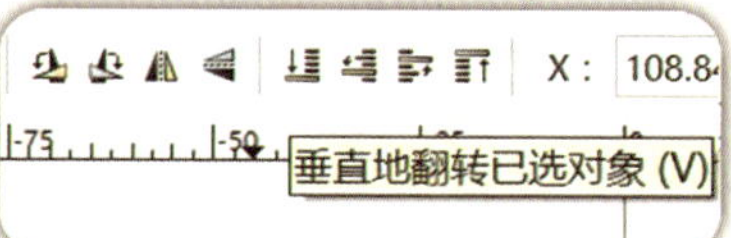

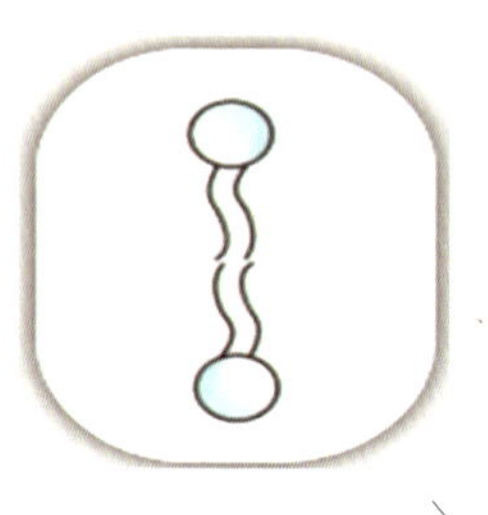

对在一起，就变成了单个的磷脂双分子：

接着就是一轮轮的复制粘贴，再复制再粘贴：

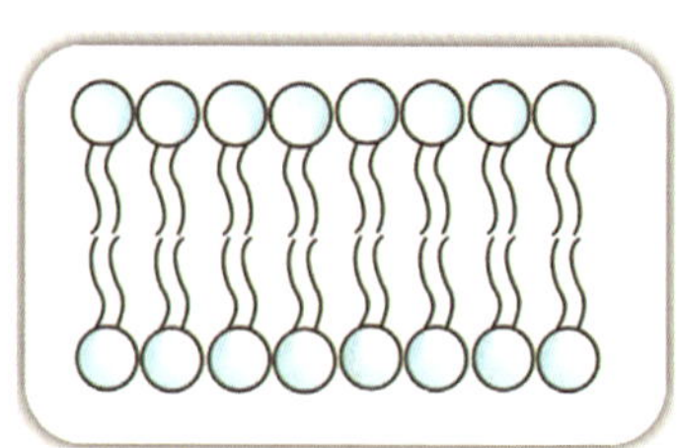

磷脂双分子层就画好了。

夏老师：其实并没有多复杂，就是用渐变把原来在画图板上的图给美化一下而已，复杂点的信号通路图的话，就会画成这样：

我觉得这灯泡我画得还不错呢，好了，就先讲到这里吧。

如何画文献里的模式图（II）

上篇给大家讲了如何用 Inkscape 来画那种 SCI 上的模式图，啧啧啧……居然有人回复说用 PPT 画，呃……

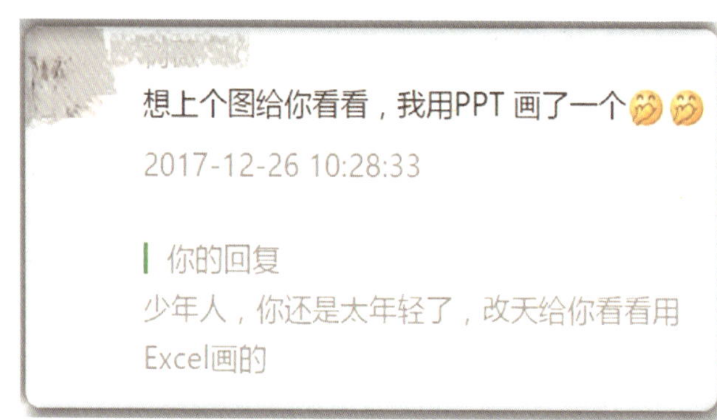

其实 PPT 是可以画的，因为之前也给大家讲过 PPT 的插件：Science Slides，这其实是个 PPT 的素材库，有些现成的东西在里面，直接调用就行了，只是画出来比较难看……实际上 PPT 能完成的，在 Excel 上也能实现，特别是简单的信号通路模式图。

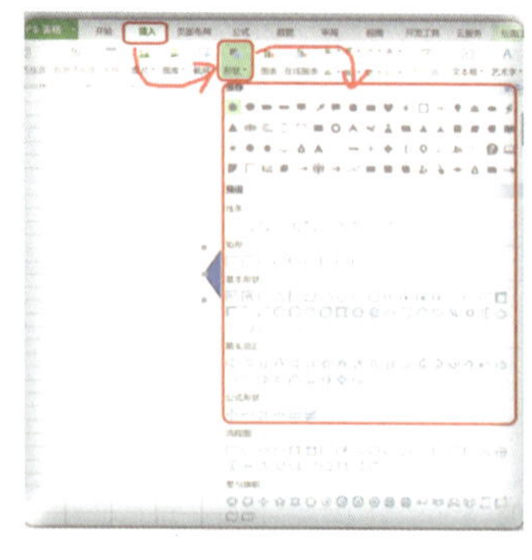

打开 Excel，抱歉哈，我这个是 WPS 打开的，在“插入”菜单下的“形状”里，就能插入各种预设形状了。用这种来代表个基因啊，蛋白啊，一点问题没有。

形状里，插入个“文本框”就可以表示基因了，然后点击右键进行组合，就成了固定在一起的矢量图：

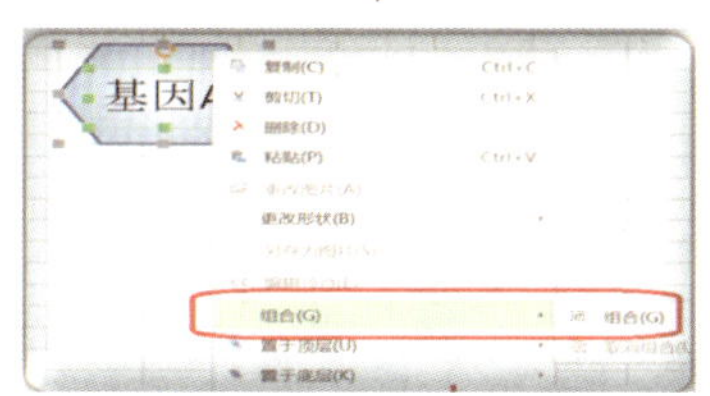

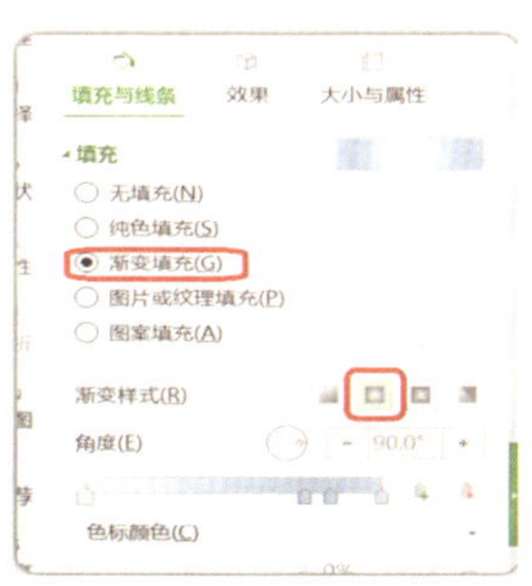

需要形状有立体感，可以选择渐变的填充，这样就上点档次了是不？

要画个简单的，就差不多是这样的：

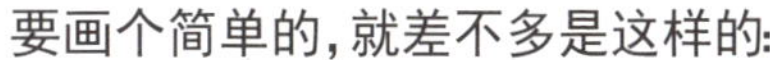

啥？ Excel 太低端了？不会！复杂的你不一定学得会！不信？比如，我先有了个想画的图：

这不是变形金刚，是高达！ OK ！然后，我用 Excel 的“插入”里的“任意多边形”画了个线稿：

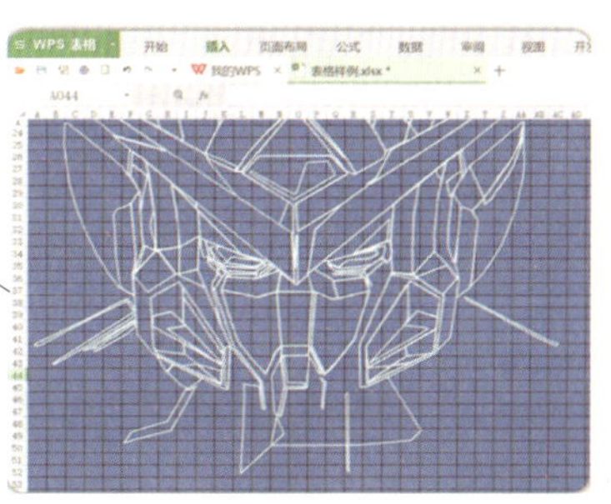

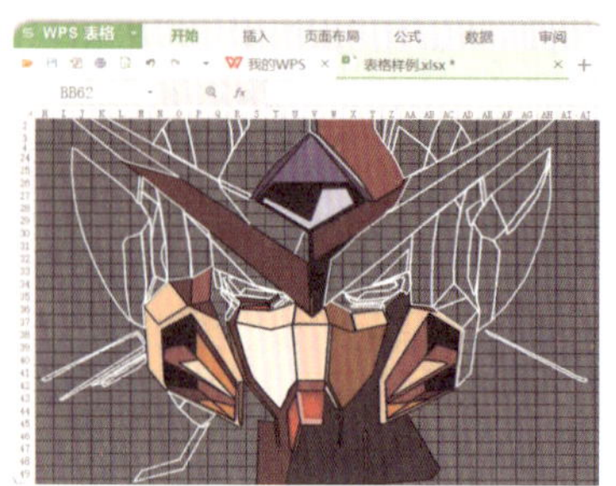

接着就是上色。

是不是有点意思了？然后画出来就是这样的：

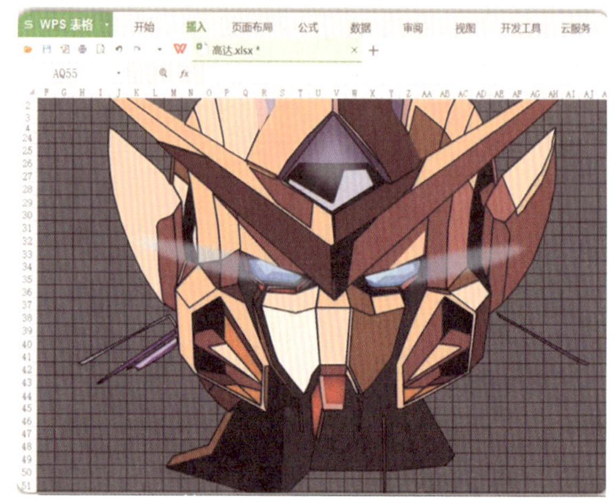

夏老师：其实需要简单点的话，Excel 也是画模式图不错的选择，当然，别说什么 PPT 了。有兴趣的话，自己去试试看呀！充满着惊奇是不？好了，就先讲到这里吧。

如何画文献里的模式图（III）

其实作为 CNS 一系列的文章，一般都会有 Graphical Abstract，也就是图片摘要。虽然都是 CNS 的文章，但其实这些图片摘要画起来不难。比如 *Cell* 上的这篇：

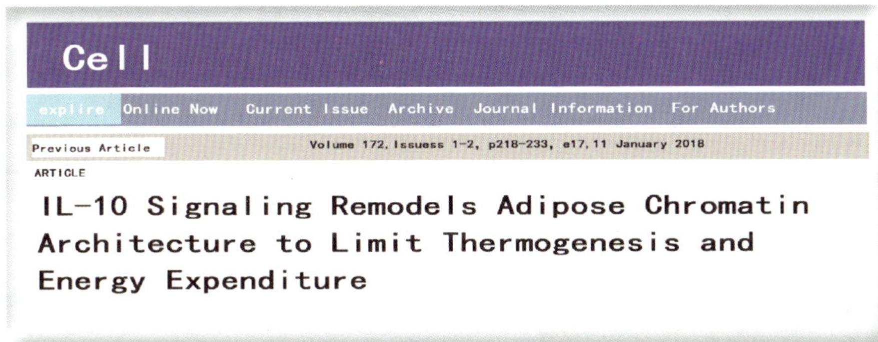
Cell

explire Online Now Current Issue Archive Journal Information For Authors

Previous Article Volume 172, Issuess 1-2, p218-233, e17, 11 January 2018

ARTICLE

IL-10 Signaling Remodels Adipose Chromatin Architecture to Limit Thermogenesis and Energy Expenditure

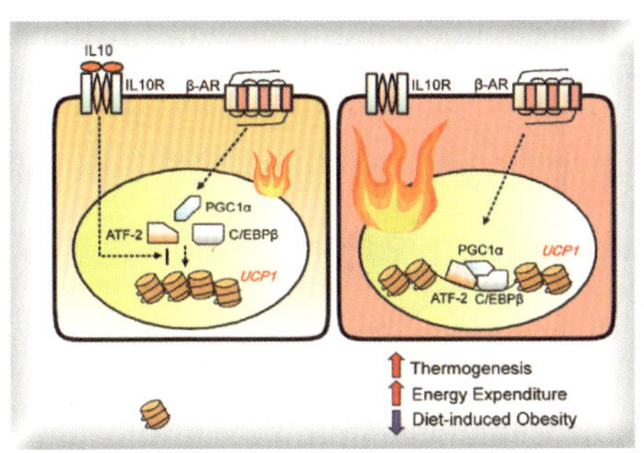

其实就算是个比较简单的图形了，唯一比较难画的就是上面的火焰特效……

我们还是用 Inkscape，先画一个框，然后复制到旁边。

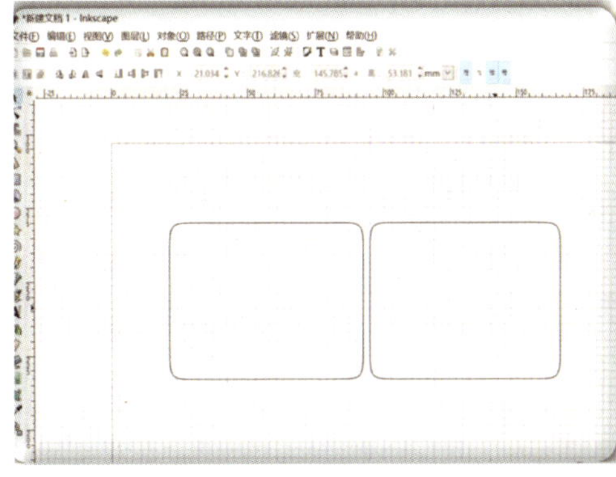

由于 Graphical Abstract 通常都是比较简单的图形，所以素材堆叠一般都靠复制粘贴，换个颜色你就会觉得不一样了。接着我们填色，右边是纯色，左边呢，我们用左侧红框里的渐变趋势线拉出个渐变来。

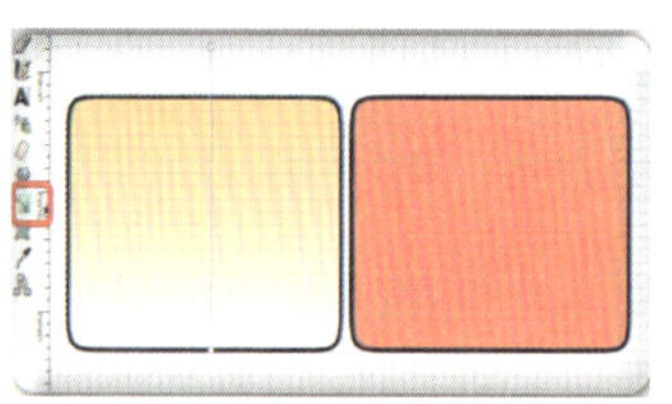

接下来就是做各种小部件，这个白介10的受体，其实就只要先画个长方形，然后拉一下渐变色就行了。旁边这个橄榄，拉两条贝塞尔曲线就行了。然后复制粘贴就成了这样。

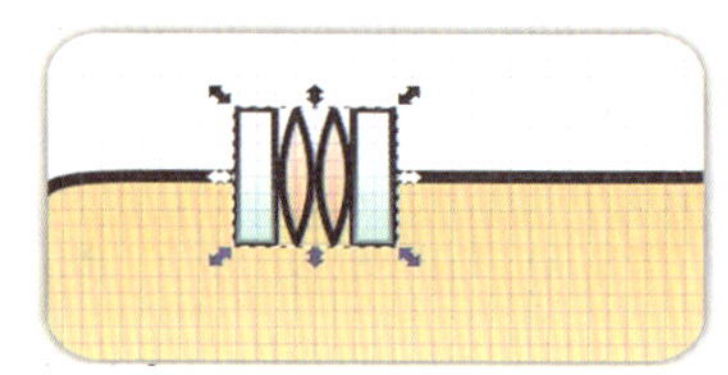

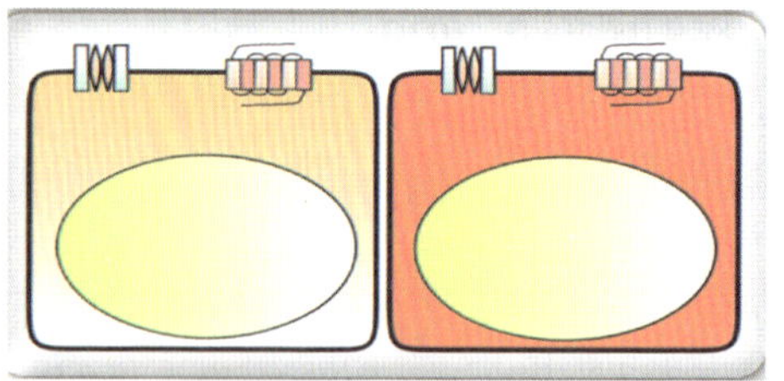

然后还是复制粘贴，隔壁就也配齐了。

接着还是用贝塞尔曲线画这个组蛋白，拉出个弧度，看着立体点就行了。

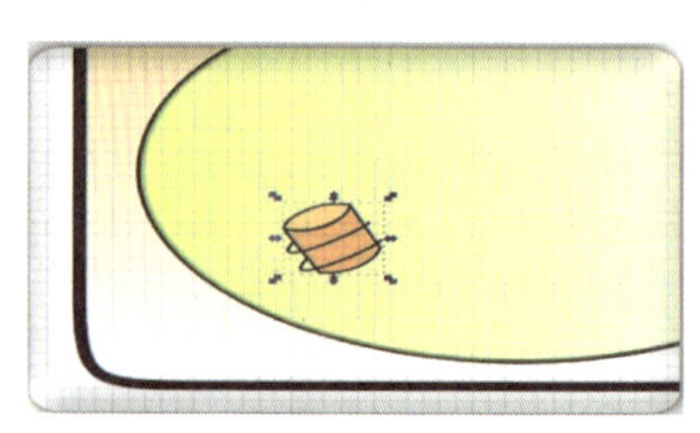

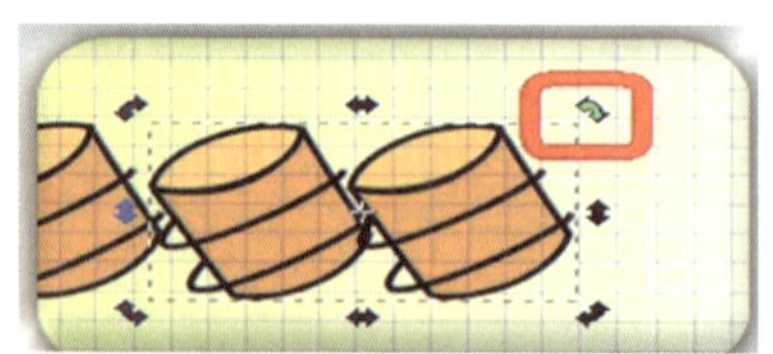

把两个组蛋白的组件组合在一起，然后还是复制粘贴，整个组件多点一下，就可以看到右上角这个扭转角度的按钮，点击改变一下角度，就显得不是复制粘贴的了。

然后还是用贝塞尔曲线画出其他蛋白。

这些蛋白画好之后呢，一样复制到隔壁，用同样办法扭转堆叠到一起。接着就要画火焰了，这个火焰特效有四层渐变，还是用曲线给扭出这样的造型，画完记得把四层火焰组合在一起。

两边的火焰特效其实就是大小不一样，复制过去，然后调节大小就行了。

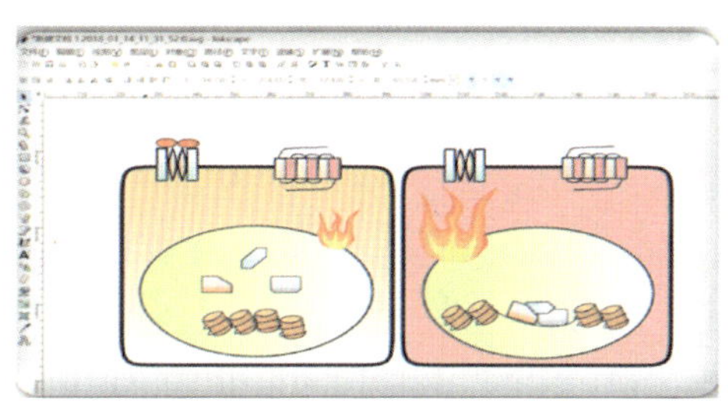

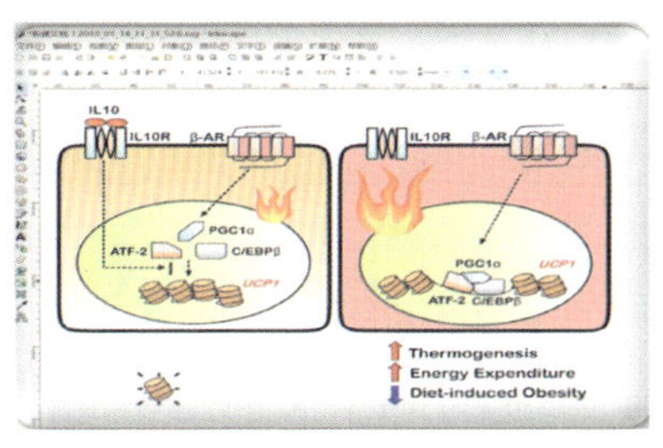

最后加上箭头和文字。

完美！回头看，是不是跟原文的 Graphical Abstract 一模一样了呢？

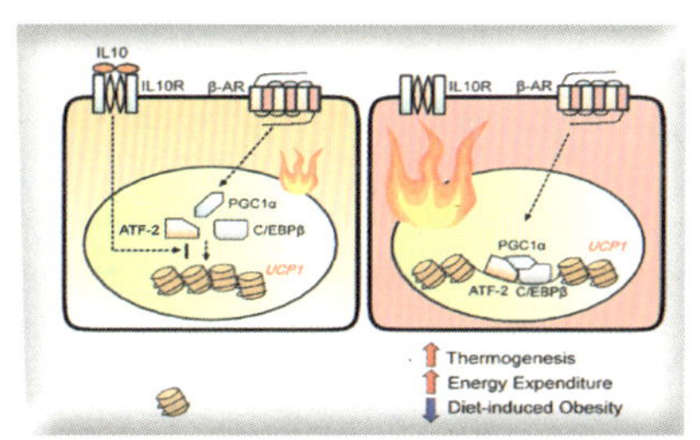

夏老师：这种简单的 Graphical Abstract 其实不难画，大家自己去画的话，最后可能会上瘾呢。

如何画文献里的模式图（IV）

要在组会或者报告上做出一张让别人心明眼亮的 PPT，图很重要，但是要跟我一样随手就能现画一个这样的，估计你够呛：

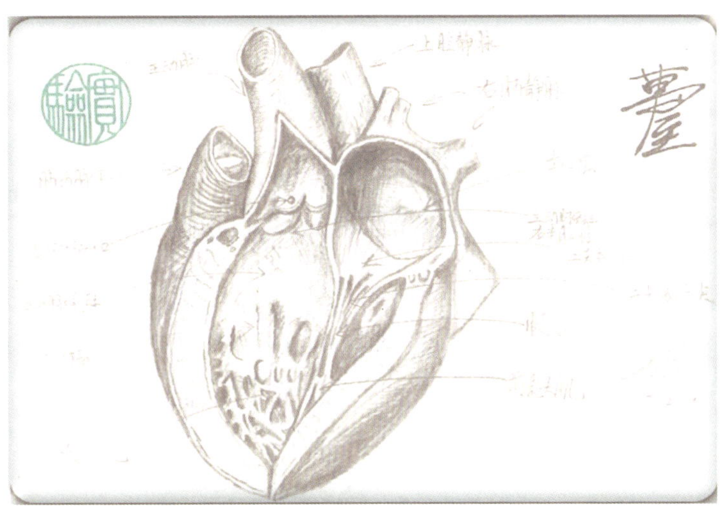

3000免费医学图像

search

下载整套

于是我给你们找了个更方便的获取 PPT 医学类素材图片的捷径——免费医学图片 PPT 矢量图下载。

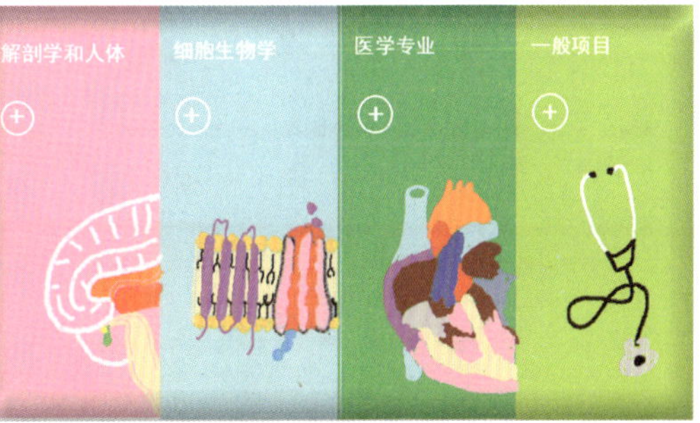

网站有 3000 多张图片，当然，估计你最多也用不了 1000 张。这个网站分成这样四种，解剖类的、细胞生物学的、医学的和医学相关的一些图片。

实际上还是挺全的，因为这里面所有的图都是在 PPT 上，所以基本上都是可拆卸自己组装的。网站的实际图片数量肯定是超过 3000 张的。比如我搜一个肿瘤：

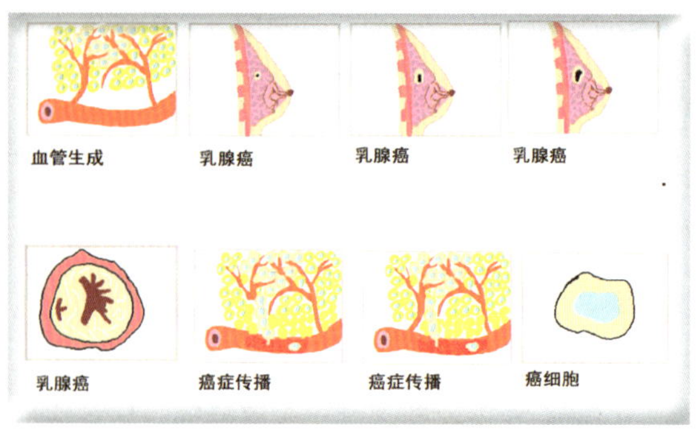

图还是很全的，省得你自己去画了。随便打开个结肠癌的肿瘤形成的图片，点击右边，就能下载了。

如果你选择下载整套的话，是一个 PPT 的形式，当然这里面所有的配件你都可以自己去调整。

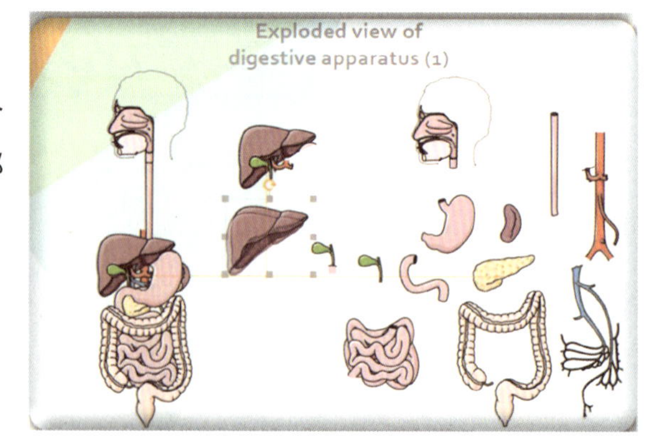

You are free to:

Share — copy and redistribute the material in any medium or format

Adapt — remix, transform, and build upon the material for any purpose, even commercially.

The licensor cannot revoke these freedoms as long as you follow the license terms.

那这个图片的权限是什么呢？这个图片是遵守知识共享原则的，理论上你可以作为自己 PPT 里的插图，甚至是商业用图。

但是要求注明图片来源，你对里面的矢量图进行修改所造成的不良后果与作者也无关，就是差不多这样吧：

Under the following terms:

Attribution — You must give appropriate credit, provide a link to the license, and indicate if changes were made. You may do so in any reasonable manner, but not in any way that suggests the licensor endorses you or your use.

No additional restrictions — You may not apply legal terms or technological measures that legally restrict others from doing anything the license permits.

好了，再也不要为了自己PPT里做的那些医学图片太丑而担心了，就先讲到这里吧，祝你们心明眼亮。

参考文献

[1] QI M,ZHOU Q H,ZENG W Q,et al.Analysis of long non-coding RNA expression of lymphatic endothelial cells in response to type 2 diabetes[J]. Cellular Physiology and Biochemisty, 2017, 41（2）: 466-474.

[2] WANKA H, STAAR D, PETERS B, et al. (Pro)renin receptor (ATP6AP2) depletion arrests As4.1 cells in the G0/G1 phase thereby increasing formation of primary cilia[J]. Journal of Cellular and Molecular Medicine, 2017, 21(7): 1394-1410.

[3] HUANG M B, GONZALEZ R R, LILLARD J, et al. Secretion modification region derived peptide blocks exosome release and mediates cell cycle arrest in breast cancer cells[J]. Oncotarge, 2017, 8(7): 11302-11315.

[4] PU C X, HAN Y F, ZHU S, et al. The rice receptor-like kinases DWARF AND RUNTISH SPIKELET1 and 2 repress cell death and affect sugar utilization during reproductive development[J]. Plant Cell, 2017, 2: 70-89.

[5] ZHANG E B, HAN L, YIN D D, et al. H3K27 acetylation activated-long non-coding RNA CCAT1 affects cell proliferation and migration by regulating SPRY4 and HOXB13 expression in esophageal squamous cell carcinoma[J]. Nucleic Acids Research, 2017, 45(6): 3086-3101.

[6] MA P, ZHANG M L, NIE F Q, et al. Transcriptome analysis of EGFR tyrosine kinase inhibitors resistance associated long non-coding RNA in non-small cell lung cancer[J]. Biomedicine & Pharmacotherapy, 2017, 87: 20-26.

[7] WANG S Q, FAN W L, WAN B, et al. Characterization of long noncoding RNA and messenger RNA signatures in melanoma tumorigenesis and metastasis[J]. PLOS ONE, 2017, 12(2): 1-20.

[8] LI W J, YANG X Y, WU G J, et al. TNF-α stimulates endothelial palmitic acid transcytosis and promotes insulin resistance[J]. Scientific Reports, 2017, 7(1): 1-18.

[9] CHEN X W, MA X L, DING X M, et al. Pacer mediates the function of class III PI3K and HOPS complexes in autophagosome maturation by engaging Stx17[J]. Molecular Cell, 2017, 65(6): 1029-1043.

[10] ZHUANG M, ZHAO S L, JIANG Z, et al. MALAT1 sponges miR-106b-5p to promote the invasion and metastasis of colorectal cancer via SLAIN2 enhanced microtubules mobility[J]. Ebiomedicine, 2019, 41: 286-298.

[11] YOSHIDA K, TODEN S, RAVINDRANATHAN P, et al. Curcumin sensitizes pancreatic cancer cells to gemcitabine by attenuating PRC2 subunit EZH2, and the lncRNA PVT1 expression[J]. Carcinogenesis, 2017, 38(10): 1036-1046.

[12] GAO F, WANG R, GUO Y, et al. MicroRNA-485-5p suppresses the proliferation, migration and invasion of small cell lung cancer cells by targeting flotillin-2[J]. Bioengineered, 2019, 10(1): 1-12.

[13] LIANG C, ZHANG X, WANG H M, et al. MicroRNA-18a-5p functions as an oncogene by directly targeting IRF2 in lung cancer[J]. Cell Death and Disease, 2017, 8(5): e2764.

[14] LI Y, LIU W, WANG H, et al. MicroRNA-378 promotes autophagy and inhibits apoptosis in skeletal muscle[J]. Proceedings of the National Academy of Sciences, 2018, 115(46): E10849-E10858.

[15] ZHOU W H, GONG L, WU Q C, et al. PHF8 upregulation contributes to autophagic degradation of E-cadherin, epithelial-mesenchymal transition and metastasis in hepatocellular carcinoma[J]. Journal of Experimental & Clinical Cancer Research, 2018, 37: 215.

[16]WITTKE-THOMPSON J K, PLUZHNIKOV A, COX N J. Rational inferences about departures from Hardy-Weinberg equilibrium[J]. American Journal of Human Genetics, 2005, 76(6): 967–986.

[17] KATHRYN R. DNA fingerprinting: A review of the controversy[J]. Statistical Science, 1994, 9(3): 456.

[18] FRIEDMAN J H, RAFSKY L C. Graphics for the multivariate two-sample problem[J]. Journal of the American Statistical Association, 1981, 76(374): 277-287.

[19] HUMMER B T, LI X L, HASSEL B A. Role for p53 in gene induction by double-stranded RNA [J].Journal of Virology, 75(16): 7774-7777.

[20] SABEN J, ZHONG Y, MCKELVEY S, et al. A comprehensive analysis of the human placenta transcriptome[J]. Placenta, 2014, 35: 125-131.